LES FORMULES ANGEVINES.

LES

FORMULES ANGEVINES

PAR

M. G. D'ESPINAY

Substitut du Procureur Impérial, près le tribunal de Saumur.

(Extrait des Mémoires de la Société impériale d'agriculture, sciences et arts d'Angers, 1858).

ANGERS

IMPRIMERIE DE COSNIER ET LACHÈSE

Chaussée Saint-Pierre, 13

1858

LES FORMULES ANGEVINES.

La législation d'un peuple se développe toujours, comme la nation même qu'elle régit, successivement et par une longue suite de progrès et de travaux. Rien de plus faux que certaines théories, d'après lesquelles la loi serait née, à un jour donné, de la réflexion savante de quelque philosophe. Le droit d'un peuple ne sort pas tout formé de la pensée du législateur, comme Minerve tout armée du cerveau de Jupiter. La législation est la fille du temps; les besoins des peuples lui donnent naissance, et la suite des siècles la développe et la précise. Puis viennent les écrivains qui la rédigent, les érudits qui la commentent, et les philosophes qui en cherchent la raison première. En un mot, la pratique devance la théorie; la jurisprudence naît avant la loi et la coutume précède le droit écrit.

Lorsqu'on veut savoir quel était l'état d'une société, encore dans l'enfance de la civilisation, il est difficile de constater et de caractériser la coutume qui la régissait et que le temps n'avait pas encore solidement établie. C'est seulement à l'aide des faits particuliers qu'il est possible d'induire ce qu'était alors la règle générale. Ces faits, on les trouve constatés non seulement dans les chroniques qui, tout en racontant l'histoire politique, peignent aussi quelquefois les mœurs et les usages, mais encore dans les actes rédigés à l'époque que l'on veut étudier. C'est surtout dans les diplômes et dans les cartulaires qu'il faut chercher les sources de nos anciennes coutumes françaises. Ces précieux documents nous montrent comment, dans les actes qu'ils passaient, nos pères réglaient eux-mêmes les intérêts que la loi devait régir plus tard d'une manière uniforme.

Parmi ces monuments des vieux âges, les *formulaires* méritent assurément une attention toute particulière. Les praticiens, de nos jours encore, emploient des formules faites d'avance et qui leur servent de modèles pour tous les actes juridiques. Au moyen âge, les clercs qui les rédigeaient presque toujours, avaient aussi des formulaires, renfermant les modèles de tous ces actes : vente, échange, donation, testament, partage, constitution de dot, quel que fût le contrat que l'on voulût rédiger, le formulaire en fournissait le type. Tels sont : le formulaire de Marculf, rédigé à Paris au VIIe siècle; celui qu'a publié Sirmond et qui paraît avoir été rédigé pour l'abbaye de Saint-Martin de Tours; celui dont Baluze a donné le texte, qui remonte au commencement du Ve siècle et fut rédigé en Auvergne. Il faut ajouter plusieurs autres formulaires, notamment celui d'Alsace; celui qui porte le nom de Lindenbrog, et enfin celui dont nous devons nous occuper en ce moment, et qui est connu sous le nom de *formulæ andegavenses*.

Le manuscrit des formules angevines fut découvert par Mabillon dans le couvent de Weingarten en Souabe. Le savant bénédictin le publia dans ses *Analecta* et dans sa *Diplomatique*. Il fut reproduit par Baluze, par Walter et par Canciani. Plus récemment, M. de Rozière l'a publié de nouveau parmi les pièces justificatives de l'*Essai sur l'histoire du droit français* de M. Giraud. Ce dernier texte est le plus fidèle et le plus complet de tous. Le manuscrit renferme cinquante-neuf formules ou modèles d'actes. Plusieurs de ces formules sont fort anciennes et remontent, suivant leur texte même, à la quatrième année du règne de Childebert (1). Mais le recueil n'a été composé que vers l'année 681 (2). C'est donc un monument qui appartient complètement à l'époque mérovingienne, période si curieuse pour tous ceux qui veulent connaître l'histoire, souvent obscure, de nos origines nationales.

Les *formulæ andegavenses* offrent un intérêt de plus pour les lecteurs du recueil, car ce n'est pas en vain qu'elles portent le nom d'angevines. Plusieurs d'entre elles renferment ces mots : *actum Andegavis*, ou quelques termes analogues. Bien que le manus-

(1) Form. 1. 34. — C'est de Childebert Ier qu'il s'agit, suivant M. de Rozière (*Essai sur l'histoire du droit français*, par M. Giraud, t II, p. 425).

(2) La troisième année du règne de Théodoric III, roi d'Austrasie, d'après un document faisant partie du formulaire et publié par M. de Rozière.

crit qui les a fait connaître ait été trouvé en Allemagne, elles sont cependant un monument éminemment angevin. A chaque page, en effet, elles mentionnent la cité d'Angers, sa curie, son pontife, son comte ou ses citoyens. Ces formules peuvent servir à éclairer certains points d'histoire locale de notre cité, et c'est pour cela que nous appelons sur elles l'attention des hommes qui s'intéressent à ce qui concerne leur pays. En outre, elles peignent avec une grande vérité les mœurs et les usages du VIe et du VIIe siècles; et sous ce rapport elles présentent un caractère d'intérêt plus général. Quand on les rapproche des autres formules que nous possédons, on voit que les questions d'histoire locale, dont elles nous fournissent la solution, peuvent s'élever à la hauteur de questions d'histoire générale; et que les formules angevines sont un des documents les plus précieux pour la connaissance des institutions sociales des temps mérovingiens.

Les renseignements qu'elles fournissent sont relatifs à l'administration municipale de la ville d'Angers, à l'état des terres et à celui des personnes; à l'organisation de la famille, aux contrats, tels que la vente, l'échange, le prêt, et enfin à la procédure usitée devant les tribunaux de l'époque barbare. Nous allons parcourir successivement ces différents sujets.

I — Organisation de la cité.

On ne sait pas d'une manière précise comment étaient régies les cités gauloises avant la conquête romaine; mais le système introduit par les conquérants est beaucoup mieux connu. Sous la domination impériale les villes gallo-romaines étaient organisées sur le modèle de la ville éternelle; c'étaient en quelque sorte de *petites Romes*. Toute cité qui jouissait du privilége municipal avait, comme la capitale, un sénat et des magistrats particuliers; elle formait, sous la surveillance du gouverneur de la province, une petite république. Le sénat municipal portait le nom de *curia;* il se composait des chefs des principales familles de la localité, qu'on nommait pour ce motif *curiales* ou *decuriones*. Les magistrats chargés d'administrer le municipe portaient le nom de *duumviri,* parce qu'ils étaient ordinairement au nombre de deux, comme les consuls, sous la république romaine. Puis venaient le *curator,* investi de fonctions analogues à celles des censeurs, le *magister militum* et beaucoup d'autres officiers chargés de la surveillance des édifices, de la police municipale, du recouvrement des impôts, etc.

Pendant les derniers temps de l'Empire romain, les constitutions impériales mirent à la tête des villes un autre magistrat chargé de représenter la curie et de défendre ses intérêts; on le nomma *defensor*. Ses fonctions étaient à la fois administratives et judiciaires; mais sa juridiction était inférieure à celle des gouverneurs de province. Il ne connaissait, au civil, que des affaires de peu d'importance; au criminel, il était chargé seulement de la police et de l'instruction (1). En outre, les magistrats municipaux rem-

(1) C. Theod., Lib. I, t. 10, c. 3. — L. I, cod. Just. *de defens.*

plissaient certaines fonctions relatives à la juridiction volontaire : ils nommaient les tuteurs, faisaient insérer dans les archives de la curie les actes passés par les particuliers, et par là leur conféraient l'authenticité.

Peu à peu les défenseurs devinrent les chefs et les présidents des sénats municipaux. Cette charge était élective; tout le peuple de la cité était appelé à nommer son chef et son représentant. C'étaient en général les évêques que le suffrage populaire plaçait à la tête des curies, et auxquels il donnait les fonctions difficiles de régir l'administration du municipe, et de le protéger contre les exactions des officiers impériaux.

Tel était l'état des cités lors de la chute de l'Empire romain : elles étaient, en fait, gouvernées par leurs évêques et par l'aristocratie municipale du lieu. Cet ordre de choses ne fut pas renversé par la conquête franque. Les rois mérovingiens laissèrent subsister dans toute la Gaule le régime municipal des villes romaines et le pouvoir patriarchal qu'y exerçaient les pontifes. Mably et Mlle de Lezardière ont combattu cette vérité; ils ont prétendu que la conquête germanique avait anéanti les institutions municipales des villes gallo-romaines (1). Boulainvilliers soutenait que tous les anciens habitants étaient devenus serfs ou colons tributaires, et que leurs terres avaient été confisquées par les vainqueurs. Mais la science moderne a renversé ces théories absolues. Si, dans le désordre de l'invasion, une foule de Gallo-

(1) *Observations sur l'Histoire de France. — Théorie des lois politiques de la monarchie française.*

Romains durent perdre leurs biens et leur liberté, il est absolument faux que toutes les personnes et toutes les terres aient été confisquées à la fois par les conquérants.

Les deux textes de la loi salique rédigés, le premier, au commencement de l'époque mérovingienne, et le second sous Charlemagne, distinguent en effet les Romains tributaires et les Romains propriétaires. Les rois chevelus admettaient fréquemment les vaincus parmi leurs *leudes* et leurs *antrustions*, à titre de *convives du roi* (1). Grégoire de Tours parle presque à chaque page de ces Gallo-Romains puissants, de ces hommes de race sénatoriale, qui, de son temps, parvenaient souvent aux plus hautes positions, soit dans le clergé, soit à la cour des Mérovingiens. Les Romains ne furent donc pas tous dépossédés. Il est même fort probable que les spoliations ne furent jamais que des faits particuliers et locaux, et que les conquérants firent leurs principaux établissements surtout sur les terres du fisc romain. De plus, les Romains gardèrent, avec la liberté civile et leurs propriétés, l'ancienne organisation municipale de leurs cités. C'est ce dont toute l'histoire dépose ; mais l'esprit de système ne se laisse pas arrêter par si peu de chose. De nos jours, on a démontré d'une manière péremptoire la persistance du régime municipal romain sous la domination germanique (2).

(1) Lex. Sal. t. 48, texte de Schilter ; — et t. 43, c. 6, 7, 8, texte de Lindenbrog, apud Walter.

(2) *Histoire du droit romain au moyen âge*, par M. de Savigny, chap. v.

Nos formules, en ce qui concerne la cité d'Angers, fournissent la preuve de cette théorie. Elles nous apprennent en effet qu'à l'époque de leur rédaction, cette ville avait une curie et des magistrats municipaux : un *defensor*, un *curator*, un maître des milices et des décurions, comme au temps de la domination romaine (1). L'évêque exerçait toujours une grande influence sur le sénat municipal ; il siégeait avec le comte, dans certaines circonstances, à la tête de cette assemblée. Le diacre remplissait les fonctions de secrétaire lorsqu'on insérait un acte dans les archives municipales (2).

Les décurions assistaient le comte quand il rendait la justice; ils assistaient aussi ses agents ou préposés.

Le texte des formules, suivant le style usité pendant les dernières années de l'Empire romain, leur donne les épithètes les plus flatteuses. Ce sont *des hommes magnifiques*, *des hommes vénérables*, *les grands de la ville;* il les appelle aussi les *recteurs* et les *curiales* de la province (3).

(1) Vir laudabilis illi defensor, illi curator, illi magister militum, vel reliquam curia puplica (form. 1). — Nous suivons le texte de M. de Rozière. Nous avons cru devoir conserver l'orthographe altérée du VIIe siècle, telle que ce texte l'a reproduite.

(2) Igitur, cum pro udilitate ecclesiæ vel principale negucio apostolecus vir domnus illi Episcopus, nec non et inluster vir illi Comus, in civetate Audecave cum reliquis venerabilibus atque magnificis reipuplici viris resedisset... (f. 32).

... Illi diaconus et amanuensis Audecavis civetate nobis presentibus accipiat relegendum (f. 1, § 1).

(3) Per iudicio inlustri illo comite vel auditores suis... (f. 12).

... Ante illo præposito vel reliquis hominibus qui cum eo adherunt... (f. 24).

Outre cette participation à la juridiction contentieuse, les décurions avaient conservé l'exercice de la juridiction volontaire. Nos formules en fournissent plusieurs exemples. Les actes rédigés par les particuliers étaient lus en présence de la curie, qui en ordonnait le dépôt aux archives municipales, comme cela se pratiquait sous la domination romaine (1). Quelquefois la curie confirmait même certains actes (2).

A cette époque d'anarchie et de désordre, on voyait souvent des bandes armées se répandre dans les campagnes pour piller et pour incendier les propriétés. Les victimes de ces actes de brigandage, lorsqu'elles ne perdaient pas la vie dans ces luttes sanglantes, couraient risque de perdre leurs habitations, leurs récoltes, leurs troupeaux, leurs meubles, et, ce qui était plus à craindre encore, les titres et les chartes de leurs propriétés. Celui dont la maison avait été pillée se rendait auprès du juge du canton qu'il habitait, et, sur le témoignage de ses voisins et des notables de sa paroisse, il se faisait donner par ce ma-

... Ante illo agente vel reliquis qui cum eum adherunt... Visum fuit ab ipsis magnificis (f. 28).

... Virorum atque magnorum (*op*) pidi (f. 7).

... Rectores civium, seu curialis provinciæ... (f. 32).

(1) Rogo te... utique obticis puplici patere iobeatis, qua habeo quid apud acta prosevere debiam. Deffensor principalis simul et omnis curia publica dixeront, patent tibi cotecis puplici, prosequere que optas (f. 1, § 1).

... Et hec cartole textum firmior obteniat effectum, gestis munipcipalis sit oblegatum ut in perpetuum plenius obteniat effectum. Date epistole (f. 40).

(2) Form. 7.

gistrat une attestation qu'on nommait *apennis* (1). Cette charte devait être ensuite confirmée par le comte et par l'évêque, assistés des curiales; et lorsqu'elle avait été revêtue des formalités exigées, elle remplaçait pour celui qui l'avait obtenue les titres qu'il avait perdus, et lui garantissait la possession de ses biens (2).

La ville d'Angers avait donc, au VIIe siècle, conservé son organisation municipale romaine. Une charte du règne de Charlemagne prouve que, sous ce prince, il en était encore de même. C'est l'acte d'une donation faite par un habitant d'Angers, nommé Harvic, à l'abbaye de Prüm, en 804. L'acte fut inséré aux archives municipales, suivant la tradition romaine, avec l'assistance du comte, du défenseur et de toute la curie (3). En présence de ces textes, que deviennent les systèmes qui nient la persistance du régime municipal sous la domination des rois francs?

A côté et au-dessus de la curie, la ville d'Angers avait un chef supérieur, que les formules appellent, en langue latine, *comes*. On sait que ce mot, qui, dans l'origine, signifiait seulement *compagnon* ou ami, devint, pendant les dernières années de l'Empire romain, un titre de dignité, que l'on donnait aux principaux fonctionnaires impériaux. Certains officiers

(1) Unde necesse ei fuit advocare iudecis seu et vicinis circamanentis seu et universa parocia illa... proindè petiit ad ipsos bonis hominibus... (f. 31).

(2) Form. 31, 32, 33.

(3) Adstante vir laudabile Wlfredo defensore, vel cuncta curia Andec. civetate (D. Martène, Miscellanea, p. 58, 59).

du palais, certains gouverneurs de provinces reçurent alors le nom de *comites*. Après la conquête des Gaules, les rois mérovingiens établirent, dans les villes de leurs domaines, des représentants chargés d'administrer les biens de leur fisc, de percevoir le produit des tributs, de conduire les habitants au combat et de leur rendre la justice (1). Les Gallo-Romains donnaient à ces chefs étrangers le nom de *comites*, comme aux anciens gouverneurs romains; quelquefois, du reste, le comte de la ville était choisi parmi les indigènes eux-mêmes. Grégoire de Tours en cite plusieurs exemples. Quant aux Germains, ils l'appelaient *graff*, mot qui, dans la langue tudesque, signifiait *juge* (2). Les deux langues, tudesque et romane, étaient, en effet, l'une et l'autre en usage dans notre pays, à l'époque dont nous nous occupons en ce moment (3).

Les formules angevines parlent fort peu du comte ou *gravio* de la cité. Elles nous apprennent cependant qu'il assistait, dans certains cas, aux actes de

(1) Marculf., lib. I, f. 8.

(2) *Gravio*, en latin barbare.

(3) C'est ce que prouve un canon d'un concile tenu à Tours en 803. Il ordonna aux évêques de la province de traduire leurs homélies dans ces deux langues, « afin qu'elles puissent être sans difficulté comprises de tous, » dit le texte du 17e canon de ce concile (*Labbe*).

M. Bodin a commis à ce sujet une étrange erreur. Il confond la langue tudesque et la langue romane. Il prétend qu'à l'époque mérovingienne, on parlait en Gaule une seule et même langue, mélange confus de celtique, de latin et de tudesque. Pour faire apprécier les variations de cette prétendue langue, il compare un fragment d'un poème tudesque du VIIe siècle, avec le serment de Charles-le-Chauve en langue romane; puis il s'étonne naïvement de la différence notable qui existe entre ces deux fragments. (Voir Recherches sur le Saumurois, t. I, chap. 13.)

juridiction volontaire exercés par la curie (1). Nous le voyons aussi siéger au milieu de ses assesseurs, et juger des affaires capitales.

Les assesseurs du comte sont appelés tantôt *auditores* et tantôt *racimburdi* par nos formules (2). En voici la raison. A l'époque mérovingienne, les lois étaient personnelles, c'est-à-dire que sur le même sol, dans l'enceinte de la même ville, ou dans les limites de la même province, le Gallo-Romain était jugé d'après le droit romain, le Franc, Salien ou Ripuaire, d'après la loi de sa tribu, le Bourguignon d'après la loi gombette ou bourguignone, le Wisigoth, d'après la loi gothique (3). Le comte, chargé de rendre la justice à tous, ne pouvait connaître toutes les lois; mais il prenait avec lui des assesseurs du même peuple que les plaideurs. C'est ce que montrent un grand nombre de chartes, où l'on énonce formellement la nationalité des hommes chargés de dire la loi (4). Le Romain était donc jugé par des Romains, le Bourguignon par des Bourguignons, le Wisigoth par des Wisigoths, le Franc par des Francs.

(1) Form. 32.

(2) ... Per iudicio inlustri illo comite, vel auditores suis... (f. 12).

... Ante vero inluster illo Comite, vel reliquis racimburdis qui cum eo aderant... (f. 49, § 1).

(3) Inter Romanos negotia caussarum romanis legibus præcipimus terminari (Chlotarii edict. c. 4, en 560).

— Tam Franci, Romani, Burgundiones quàm reliquas nationes sub tuo regimine et gubernatione degant et moderentur, *et eos recto tramite secundùm legem et consuetudinem eorum regas* (Marculf., Lib. I, f. 8).

(4) D. Vaissette. *Histoire du Languedoc*, t. II, preuves, chartes et diplômes. *Passim.*

En langue franque, les assesseurs étaient appelés *rachimbourgs* (1); c'étaient les juges ou les jurés nationaux. Lorsque le comte avait à juger des hommes de race franque, il rassemblait les rachimbourgs, barbares d'origine; mais, lorsqu'il jugeait des indigènes, il appelait près de lui, pour assesseurs, les Gallo-Romains les plus considérables de la cité, les hommes de race sénatoriale, qui composaient la curie. C'est sans doute pour ce motif que nos formules donnent deux noms différents aux assesseurs du comte. Le premier *(auditores)* est un terme générique qui pouvait s'appliquer à tous, quelle que fût leur origine; le second *(racimburdi)* est un terme emprunté à la langue des conquérants et qui ne convenait qu'aux jurés pris parmi les hommes de leur race.

Le principe de la personnalité des lois, en vertu duquel les procès étaient jugés par des jurés de même nationalité que les plaideurs, tenait à un fait longtemps inaperçu par nos anciens historiens, et mis de nos jours en lumière par les écrivains modernes : nous voulons parler de la distinction des races pendant les quatre ou cinq siècles qui ont suivi la conquête des Gaules par Clovis. Jadis on croyait généralement que, sous Clovis, les Gallo-Romains et les Francs s'étaient tellement fondus ensemble, qu'ils avaient promptement formé une seule et même nation, et, qu'à partir du fondateur de la monarchie, la Gaule n'avait plus renfermé que des Français.

(1) Ce mot est formé des deux racines tudesques : *recht* droit et *berghen* conserver. (Ducange. *Gloss.* verbo *Rachimburgi.*)

Rien de plus faux que ce système. La distinction de la race conquérante et de la race conquise subsista jusqu'au commencement du XIe siècle. Les chroniqueurs de l'époque mérovingienne mentionnent à chaque page, en effet, la nationalité des principaux personnages dont ils s'occupent. Grégoire de Tours, en parlant des Gallo-Romains, dit toujours les *citoyens*, les *habitants;* en parlant des conquérants, il dit : les *Francs* et même les *barbares*. Frédégaire, bien que postérieur à Grégoire, est plus scrupuleux encore sur ce point. Les noms mêmes des hommes du temps trahissent presque toujours leur origine. Une foule de chartes du IXe et du Xe siècles mentionnent isolément les Francs, les Romains et les Goths, et montrent qu'alors la fusion de ces peuples n'était pas encore opérée (1). La distinction des races ne s'effaça qu'au commencement du XIe siècle. A cette époque, les sources cessent en effet de la mentionner, mais elle fut remplacée par celle des provinces; et, sous cette forme nouvelle, elle se maintint encore à certains égards, puisque les hommes de telle race dominaient toujours dans telle province, bien que le souvenir de leur origine s'effaçât de plus en plus (2).

(1) D. Vaissette, *loc. cit.*

(2) Les noms mêmes des provinces fournissent à cet égard de curieuses observations Au nord, l'Ile de France, séjour des rois mérovingiens, a pris son nom de la race franque; la Normandie doit le sien au pirates scandinaves qui s'y établirent au Xe siècle; à l'ouest, la Bretagne, aux émigrés bretons de l'île d'Albion; à l'est, la Bourgogne, à la peuplade de race tudesque qui s'y établit au Ve siècle; la Gascogne doit le sien aux Basques ou Wascons des Pyrénées, ennemis acharnés de la puissance franque dans le midi; la Guyenne (en latin Gotania) aux Goths longtemps maîtres des rives de la Garonne; la Provence rappelle la conquête romaine, elle fut en effet la pre-

Il y a toute apparence qu'en Anjou la race gallo-romaine resta dominante. En effet, l'Anjou est situé assez loin des contrées où les Francs firent leurs premiers et leurs plus nombreux établissements. La législation romaine d'ailleurs s'y maintint longtemps, ainsi que le prouvent nos formules et des chartes postérieures. Le droit écrit forme, à vrai dire, le fond même des formules angevines. A chaque page, elles se réfèrent à la loi romaine; elles la citent souvent textuellement, et lors même qu'elles ne la rappellent pas expressément, elles en empruntent presque toujours les dispositions (1). Les actes sont insérés aux archives municipales suivant la coutume romaine; et la charte d'Harvic, dont nous avons déjà parlé, mentionne la même formalité; comme les formules, elle est rédigée suivant le mode usité chez les Romains. Nous pouvons donc en conclure hardiment que du VIe au IXe siècle le droit romain resta pleinement en vigueur en Anjou; c'est du reste ce que nous verrons plus clairement encore un peu plus loin.

A côté du droit romain, les formules angevines parlent de la coutume du lieu. Angers, à cette époque, avait donc des usages propres qui pouvaient tenir lieu de lois dans certains cas (2). On oppose ordi-

mière contrée gauloise réduite en *province romaine*. Quant aux provinces du centre, elles ont gardé les noms des anciennes peuplades celtiques qui habitaient leur territoire. Ainsi l'Anjou tient son nom des *Andes*, la Touraine des *Turons*, le Berry des *Bituriges*, le Poitou des *Pictons*, l'Auvergne des *Arvernes*, etc.

(1) Secundum lege romana... (f. 39. — Voir aussi f. 36, 40, 45, 53, 57, etc.).

(2) Juxta consuetudinem... (f. 1, § 1 et 3, f. 36, 45, 48, 57).

nairement le droit romain aux coutumes, et l'on pense généralement que les coutumes locales n'ont pris naissance que sous le régime féodal, vers le XIe ou le XIIe siècle. Sur ce point, nos coutumes démentent encore l'opinion vulgaire, car elles mentionnent formellement la coutume du lieu. Les formules de Marculf et celles de Sirmond, du reste, en parlent aussi ; la loi salique mentionne également les usages locaux sous le nom de *landevevas* (lois de la terre). Le droit romain lui-même consacrait les coutumes locales (1). L'un des priviléges des villes municipales, sous la domination romaine, était le droit de conserver les usages et les statuts locaux, ce qu'on appelait alors l'*autonomie*. Peu à peu le droit romain fut substitué à ces coutumes municipales, mais les villes durent cependant conserver un certain nombre d'usages particuliers. C'est ce que prouvent presque tous les formulaires de l'époque gallo-franque qui mentionnent toujours la coutume du lieu à côté du droit romain.

En outre, bien que chaque nation suivît sa loi propre, cependant les mœurs barbares modifièrent sur certains points la législation des indigènes, et dans les recueils de formules on voit des dispositions toutes germaniques, à côté d'autres dispositions venant du droit romain. Notre formulaire nous en fournira plusieurs exemples sur lesquels nous reviendrons plus loin. Il était impossible, en effet, que les deux races qui vivaient ensemble sur le même sol n'exerçassent

(1) C. Theod., Lib. v, t. XI, c. 1. — Marculf. *Præmium*. — Sirmond. f. 28.

pas l'une sur l'autre une mutuelle influence. Elles restaient distinctes; mais elles avaient des rapports perpétuels qui devaient tendre à effacer peu à peu cette séparation. Ces observations expliquent l'introduction de certaines coutumes barbares dans notre recueil. Elles expliquent aussi pourquoi l'on voyait à l'époque mérovingienne le comte, qui régissait le territoire angevin, siéger tantôt à la tête d'une curie gallo-romaine et tantôt avec des rachimbourgs barbares (1).

La société romaine n'avait pas été détruite par l'invasion; elle avait toujours continué de subsister sous la domination des barbares, mais la société germanique vivait et se développait à côté d'elle. De la société germanique devait sortir peu à peu le régime féodal. Ce système, au VIIe siècle, n'était pas encore complétement développé; mais les barbares en avaient apporté le germe. Les justices privées, l'une des institutions les plus curieuses du régime féodal, existaient dès l'époque mérovingienne, comme l'a fort bien remarqué Montesquieu (2). C'est à tort que presque tous nos anciens légistes l'ont nié. Les plus anciens capitulaires en font mention; et, dès une époque très reculée, on voit par les chartes et par les formules que les seigneurs ecclésiastiques ou laïques rendaient la justice aux hommes de leurs do-

(1) Sous Charlemagne les rachimbourgs furent remplacés par le *scabini* (en langue théotisque *skapen*, juges) que l'on retrouve encore sous ce nom dans les chartes du Xe et du XIe siècles. Au XIIe et au XIIIe, on les appela *eskevins*, et plus tard *échevins*.

(2) *Esprit des lois*, l. XXX ch. 22.

maines, ou la faisaient rendre en leur nom par des juges qu'ils instituaient eux-mêmes (1). Nos formules nous montrent un abbé rendant la justice avec l'assistance d'assesseurs, comme le comte avec les rachimbourgs, ou comme le défenseur à la tête de la curie. Il décide des questions de liberté personnelle, de colonage partiaire, de propriété, d'abus de dépôt; en un mot, il paraît avoir une juridiction civile très étendue (2). Les formules ne mentionnent pas la juridiction de l'abbé au criminel.

Ces justices privées étaient la conséquence même des mœurs barbares et de l'organisation des tribus germaniques. D'après les vieux usages des peuples du nord, chaque chef de famille avait sous sa tutelle tous les hommes qui s'attachaient à lui par le lien du vasselage militaire, et tous ceux qui cultivaient ses domaines ou vivaient à sa table. Il devait les protéger, répondre de leur conduite auprès des chefs supérieurs de la tribu, et les réprimer lorsqu'ils commettaient quelque désordre (3); il était pour eux un véritable souverain; de là naquit la juridiction féodale, dont les formules nous montrent les premières traces en Anjou, dès l'époque mérovingienne.

Trois pouvoirs différents coexistaient donc, au

(1) *Edict. Chlotar.*, c. 19, en 615.

(2) Ante venerabile vir illo Abbat vel reliquis viris venerabilibus adque magnificis... Sic visum fuit ipsius abbati (f. 10).

Taliter visum fuit ab ipso abbate, vel qui cum eo aderant... (f. 29).

Illo abbati vel reliquis quem plures *bonis hominibus* qui cum ipsi aderunt (f 46). Voir aussi form. 30.

(3) Leges Edwardi, c. 21, apud Canciani. Lex Alamannorum, t. 85. — 1er capitulaire de 802, c. 25.

VIIe siècle, dans la ville d'Angers et sur son territoire : d'abord celui du comte, qui représentait le roi; puis celui de l'évêque, en tant que chef de la curie; enfin celui que les seigneurs ecclésiastiques ou laïques exerçaient dans l'étendue de leurs domaines. Dans les siècles suivants, le développement du régime féodal devait transformer la juridiction du comte et celle de l'évêque, qui, l'une et l'autre, devinrent seigneuriales (1). Mais nous n'avons pas à nous occuper ici de cette révolution.

II. — Etat des personnes et des terres

La petite propriété est un fait tout récent dans l'histoire des institutions humaines. Dans l'Empire romain, comme au moyen âge, les domaines possédés par les particuliers étaient immenses et comprenaient des terres d'une vaste étendue, des forêts, des pâturages et des villages entiers. Sur le territoire de chaque *villa* vivaient non-seulement les serfs et les colons qui exploitaient le fond, mais encore un grand nombre d'ouvriers plus ou moins engagés dans les liens de la servitude et qui exerçaient diverses professions. Chaque domaine renfermait donc à la fois des cultivateurs, des forgerons, des charpentiers, etc. La condition de ces individus n'était pas uniforme. Les uns étaient complètement esclaves et ne jouissaient d'aucun droit civil; ils appartenaient à leur maître qui pouvait disposer d'eux d'une manière ab-

(1) Il ne s'agit ici que de la juridiction temporelle de l'évêque.

solue et comme s'ils eussent été des meubles ou des troupeaux. Les autres étaient des colons libres, des emphytéotes, qui jouissaient de tous les droits civils, et cultivaient la terre d'autrui moyennant redevance, comme le font encore les colons de nos jours. D'autres enfin, quoique libres d'origine, étaient attachés à la glèbe et ne pouvaient la quitter (1). Les lois romaines tendaient en général à ramener tous les colons libres à cette dernière condition.

Quant au domaine lui-même, il se composait en général de deux parties distinctes. Le propriétaire se réservait les forêts, les pâturages et une partie des terres, qu'il faisait exploiter par des serfs ou par des esclaves; il affermait à des colons le reste des terres destinées à la culture. Cet usage persista pendant le moyen âge; au IXe siècle, la portion réservée s'appelait *mansus dominicalis,* et les autres *mansi ingenuiles* ou *serviles*, suivant la condition des colons, libres ou serfs, qui les exploitaient; ou, plus exactement peut-être, suivant les charges auxquelles elles étaient soumises.

L'état de la propriété varia du reste très peu sous la domination des barbares après la chute de l'Empire romain. Lorsqu'on étudie les polyptiques du IXe et du Xe siècles, et notamment celui d'Irminon, qui fournit tant de renseignements curieux sur l'état de la propriété, sur celui des serfs et des colons, et sur l'exploitation des terres à l'époque carlovingienne,

(1) Licet conditione videantur ingenui, servi tamen terræ ipsius, cui nati sunt, existimentur (Cod. Just., Lib. XI, t. 51, lex unica.)

la pensée se reporte de suite aux auteurs anciens et aux textes du Digeste qui ont décrit les *villa* ou domaines romains. Rien ne ressemblait plus, en effet, au domaine d'un propriétaire romain, quant à l'étendue et au mode d'exploitation, que celui d'une riche abbaye ou qu'un *fisc royal* de l'époque barbare. L'invasion germanique ne modifia ni l'assiette de la propriété, ni l'état des cultivateurs; certaines terres seulement changèrent de maîtres.

Les formules angevines renferment peu de renseignements sur l'état des propriétés et sur celui des colons. Elles mentionnent cependant, dans plusieurs endroits, les diverses dépendances des domaines, ainsi que les esclaves et les colons qui les cultivaient; elles désignent les premiers sous le nom de *mancipia*, les autres sous celui d'*accolæ* (1). Ces termes sont bien vagues, bien insuffisants, sans doute, mais il faut compléter le formulaire angevin à l'aide des documents plus précis et plus étendus que nous fournissent les autres formulaires et surtout les polyptiques. Il est permis de croire qu'en Anjou l'état de la propriété était à peu près le même que dans les autres provinces, et que les grands domaines possédés par les Francs ou par les Gallo-Romains étaient exploités de la même manière, à peu près, que ceux de l'abbaye de Saint-Germain, décrits par le polyptique d'Irminon, et que ceux du fisc de Charlemagne, sur lesquels le capitulaire *De villis* nous donne tant de détails intéressants.

(1) *Formulæ andegavenses*. Passim.

Deux formules, d'ailleurs, fournissent sur le mode d'exploitation de la terre des renseignements curieux. L'une nous montre un abbé concédant à un particulier, avec l'assistance de ses moines, une terre en bénéfice, moyennant un cens annuel, et pour la vie du concessionnaire, après le décès duquel la terre retournera à l'abbaye (1). Cette concession n'est pas un de ces bénéfices militaires qui devaient plus tard devenir des fiefs; c'est plutôt un précaire, contrat d'où est sortie la censive de l'époque féodale, et qui était déjà en vigueur, comme on le voit, dès les temps barbares.

Pendant les premiers siècles de notre histoire, en effet, on appelait bénéfice toute concession précaire, à temps ou perpétuelle, et qui ne conférait pas à l'acquéreur la propriété même de l'objet concédé. Ces concessions précaires étaient alors très fréquentes, ainsi que le prouvent tous les recueils de chartes et de formules que nous possédons.

L'autre formule dont nous voulons parler mentionne le colonage partiaire, et prouve que le bail à moitié, ce mode d'exploitation de la terre si commun encore aujourd'hui dans une grande partie de l'Anjou, remonte à une époque fort reculée (2).

On trouve aussi, dans divers endroits de nos formules, certaines expressions qui peignent mieux

(1) Et quia ad peticionem meam habuit pietas vestra, fecistis mihi beneficium de rem vestra... et spondio vobis annis singulis cinso soledus tantus... (f. 7).

(2) Interpellabat alico homine, nomen illo, quasi vineas suas, quæ erunt illius condàm illi ad *parciaricias* ei dedisset .. (f. 30).

qu'une dissertation l'état de la propriété et les mœurs de l'époque dont nous nous occupons. Ici l'auteur parle d'une terre qui se trouve située *dans le territoire de tel saint* (1); là il relate un acte dans lequel on réserve les droits du saint *auquel appartient la terre* qui fait l'objet du contrat (2). Plus loin le colon d'un monastère est appelé l'*homme de tel saint* (3). Ces expressions nous rappellent que, dès l'époque où furent rédigées nos formules, le clergé régulier et le clergé séculier possédaient déjà de vastes domaines, et que ces biens étaient réputés appartenir au saint sous le vocable duquel était placée l'église ou le monastère dont ils dépendaient. Les terres en question appartenaient sans doute à des propriétaires soumis envers l'église du lieu, soit au paiement d'un cens, soit à celui d'une dîme. Le territoire du saint comprenait en effet, outre les domaines propres de son église, tous ceux qui étaient soumis à l'une de ces charges au profit du monastère.

Enfin on rencontre plusieurs fois, dans les formules angevines, un terme emprunté au droit germanique, et qui a donné lieu à bien des discussions et à bien des difficultés. Nous voulons parler du mot *alode* (alleu). Qu'est-ce que l'alleu, dont parlent à chaque instant les lois barbares, les formules et les chartes des premiers siècles de notre histoire? D'après les uns, l'alleu est le lot de terre que le sort a donné aux barbares établis sur le

(1) In terraturium sancti illius... (f. 4, 22, 39, 53).

(2) Absque preiudicium sancti illius cuius terra esse videtur... (f. 8, 21, 39, 57).

(3) Homine sancti illius... (f. 26).

sol romain; d'après les autres, l'alleu est la propriété germanique pleine, entière et distincte des concessions précaires, telles que les fiefs, les censives et les bénéfices de toute espèce (1). Nous n'avons pas à nous prononcer ici entre ces deux opinions, car dans toutes les formules angevines où le mot *alode* est employé, il n'est pris ni dans le premier sens, ni dans le second. Il désigne la terre provenant de la succession des parents du propriétaire; il est opposé au mot *comparatum*, qui s'applique aux biens acquis par le propriétaire et de ses deniers (2). L'alleu, dans nos formules, c'est le bien que les coutumes, à une époque postérieure, appelèrent le *propre* opposé à l'acquêt (*comparatum*) (3). Son sens étymologique, et tiré de la langue tudesque, s'était donc modifié dès le VIIe siècle; et déjà l'on voyait naître la distinction des

(1) Dans la première hypothèse, le mot *alode* viendrait de la racine tudesque *loos* (sort); dans la seconde, il viendrait des deux racines *all* (tout) et *od* (biens, richesses), tandis que le mot *feodum* (fief) aurait pour source les deux racines *fee* (solde) et *od*.

(2) ... Porciones meas quem ex alote parentum meorum œi legibus obvenit vel obvenire debit... (f. 1, § 1).

... Quem in pago illo et illi ex aloto parentum meorum vel de qualibet contractum mihi legibus obvenit (f. 40).

(3) Le mot *alode* est pris dans les lois barbares et dans les chartes anciennes, tantôt dans un sens et tantôt dans un autre. La loi salique l'emploie pour désigner les propres ou biens héréditaires; certaines chartes l'opposent au mot *beneficium* et mentionnent la transformation de bénéfices en alleux; la loi bourguignone emploie *sors* comme synonyme d'alleu; enfin au moyen âge, on appelait *franc-alleu* un bien libre de charges féodales, tandis que dans certains documents des XIe, XIIe et XIIIe siècles, le mot *alode* désigne au contraire des terres serviles. Ce mot n'avait donc pas de sens précis, ou du moins le sens qu'on lui donnait variait souvent. Il faut le traduire suivant ce qu'il signifie dans l'acte où on le trouve employé.

propres et des acquêts, à laquelle le droit féodal devait plus tard donner tant d'importance.

Tels sont les renseignements que les formules angevines nous fournissent sur l'état des terres. Elles en renferment aussi d'assez curieux et de plus explicites sur celui des personnes. Au VIIe siècle, l'esclavage existait encore complètement; les propriétaires pouvaient disposer de leurs serfs, comme dans l'antiquité. Le christianisme avait, il est vrai, adouci l'exercice de ce droit, les conciles protégeaient les esclaves et défendaient de les vendre à des juifs, à des païens ou à des étrangers (1); mais, sous le bénéfice de ces restrictions, l'esclave était toujours une propriété mobilière que l'on pouvait mettre dans le commerce. Nos formules en fournissent la preuve : l'une d'elles est un modèle de vente d'esclave; elle est conçue dans la forme ordinaire des actes de vente. Le vendeur cède un esclave né chez lui (*vernacula*), que l'acquéreur tiendra et possédera, qu'il pourra, s'il le veut, revendre, échanger ou donner, et dont il usera de la manière la plus absolue (2). Le droit que le maître exerçait sur son esclave était, en un mot, le droit de propriété dans toute son étendue.

Une autre formule nous offre un modèle de vente

(1) Concile de Tolède en 589, c. 15. — Concile de Reims en 625, c. 11; — de Châlons-sur-Saône, en 650, c. 9. — IVe concile d'Orléans, en 538, c. 13. — Concile de Mâcon, en 581, c. 15.

(2) Vendedi vobis vernacula iuris mei, nomen illo, et accipi exindè precium in argento, unxias tantas, ut quidquid ab odierna dice ipso vernaculo facere volueritis, abendi, tenende, donande, vindende, seu conmutandi, quomodo et de reliqua mancipia vestra obnoxia, exinde facere volueritis, liberam abeam potestatem (f. 9).

d'enfant. A cette époque de misère, on exposait souvent les enfants; tous les formulaires en font foi. L'homme qui avait trouvé un enfant exposé, que ses parents ne réclamaient pas, pouvait à son gré le garder ou le vendre comme esclave : cette coutume existait en Anjou comme dans les autres provinces (1). Bien que cet usage barbare ait existé de tout temps chez les Germains, ce ne sont pas eux qui l'ont introduit en Gaule; il était en pleine vigueur sous la domination romaine, et les lois impériales le mentionnent très fréquemment (2).

Nous voyons enfin, d'après nos formules, qu'à l'époque mérovingienne on pouvait se vendre soi-même. Ici c'est un voleur qui, ne pouvant payer à celui qu'il a volé l'amende ou composition fixée par la loi, se donne en esclavage (3); là c'est encore un voleur qui se donne en esclavage, non plus à la victime de son vol, mais à celui qui l'a sauvé de la mort en acquittant le prix de la composition que le coupable n'avait pu payer (4). Ailleurs, c'est un homme réduit à la dernière misère, qui se vend lui-même à cause de la dureté des temps, et qui touche le prix de sa propre personne (5). Plus loin, ce sont deux époux qui se vendent aussi avec tout ce qu'ils possèdent,

(1) Incipit carta de sanguinolento quem de matricola suscipi... ut ipso infantolo ad homine nomen illo venumdare deberemus (f. 48).

(2) C. Theod., l. 1. *de his qui sanguinolentos*. — L. 1. *de patrib. qui;* Cod. Just., l. 2, *de infant. expos.*

(3) Form. 2.

(4) Form. 3.

(5) Form. 19.

afin d'assurer leur existence (1). Enfin on voit un débiteur qui, ne pouvant payer sa dette, donne sa propre personne pour caution, et s'engage à travailler pour son créancier (2). Un souvenir de cet engagement temporaire a été conservé par les mœurs modernes, et l'on voit souvent encore dans nos campagnes le débiteur s'acquitter en travaillant pour son créancier.

On était esclave, soit lorsqu'on naissait d'une femme esclave, soit lorsqu'on se vendait soi-même, ainsi que nous venons de le voir. On le devenait aussi quand on était pris par l'ennemi. L'usage existait encore, à l'époque mérovingienne, de faire esclaves les prisonniers de guerre ; les vainqueurs les partageaient entre eux ou les vendaient : Grégoire de Tours en fournit la preuve (3). Quant à nos formules, elles ne font pas mention de ce mode d'esclavage, mais elles nous apprennent comment on sortait de la servitude. L'affranchissement ou manumission conférait la liberté à l'esclave, d'après le droit romain ; toutefois l'affranchi restait soumis envers son patron à certaines obligations, et bien que la qualité d'homme libre lui fût conférée, et qu'il jouît de ce que nous appelons aujourd'hui les droits civils, sa condition n'était pas égale à celle de l'homme libre, né de parents libres, et qui n'avait, dans aucun temps, porté le joug de la servitude.

A l'époque mérovingienne, on conférait souvent par

(1) Form. 25.
(2) Form. 37.
(3) Grégoire de Tours, Lib. III. Histoire d'Attale.

la même charte, à l'esclave que l'on voulait affranchir, la liberté et l'exemption des charges qui pesaient sur l'affranchi d'après la loi romaine, et que l'on appelait *obsequium*. Dans ce cas, l'affranchi (*libertinus*) était assimilé à l'homme né libre (*ingenuus*). Deux des formules angevines mentionnent des manumissions de cette nature; le maître donne à son esclave la liberté, l'exempte des charges ordinaires des affranchis, et veut qu'il soit considéré comme ingénu. D'après l'une d'elles, la liberté est accordée à l'esclave par un acte entre vifs, et afin qu'il en jouisse de suite; d'après l'autre, elle ne lui est conférée que pour l'époque qui suivra le décès du maître et par le testament de celui-ci (1). L'affranchissement à Rome se faisait aussi, soit par lettre, soit entre amis (*per epistolam, inter amicos*), soit par testament, soit enfin par différents modes solennels qui finirent par tomber en désuétude, et furent remplacés, sous les empereurs chrétiens, par la manumission opérée dans les églises en présence du clergé (2).

L'une des formules dont nous nous occupons en ce moment permet à l'affranchi de garder son pécule (3). Ceci vient de ce que le maître étant, d'après la loi romaine, propriétaire de tout ce que l'esclave

(1) A diœi presente ingenium esse precipimur, tamquàm ab ingenuis parentibus fuissis procreatus... (f. 20).

Et post meum quoquæ discessum cum omni peculiare quod habis aut laborare potueris ingenuos ducas vitam, tanquam se ingenuos parentibus fuissis procreatus... (f. 23).

(2) Inst., Lib. I, t. 5. — C. Theod., IV, 7. — C. Just., l. 1, 2, *de his qui in ecclesiâ.*

(3) Form. 23, *loc. cit.*

acquérait, le pécule de celui-ci appartenait au premier; et c'était seulement par tolérance que la jouissance lui en était laissée. Lors donc que l'esclave recevait l'affranchissement, le pécule devait rester au maître, et l'affranchi ne pouvait le garder qu'en vertu d'une donation spéciale. Cette formule nous en fournit un exemple.

La prescription pouvait, à défaut d'acte formel, assurer aussi la liberté du serf. L'une de nos formules relate un jugement garantissant la liberté à un homme qu'un propriétaire réclamait comme son esclave, et qui avait prouvé que, depuis trente ans, il n'avait fait aucun service pour ce maître (1).

Quelques mots maintenant sur l'état des familles de serfs, toujours d'après nos formules. Suivant les principes du droit romain, l'enfant né d'une femme esclave devait suivre la condition de sa mère; il appartenait au maître de celle-ci, quelle que fût la condition de son père; il en était de lui comme du croît des animaux. La législation impériale modifia ce principe à l'égard des serfs de la glèbe; elle établit que les enfants nés de parents appartenant à différents maîtres seraient partagés entre ceux-ci. Une loi d'Honorius et de Théodose décida, en effet, que le maître du colon prendrait les deux tiers des enfants, et le maître de la femme l'autre tiers (2). Nous trouvons dans les formules angevines un partage de cette nature fait entre deux propriétaires, mais dans des pro-

(1) Form. 10.
(2) Cod. Theod., Lib. v, t. 10, c. 1.

portions inverses. Le maître de la serve doit avoir les deux tiers de l'agnation et le tiers du pécule, celui du serf le tiers de l'agnation et les deux tiers du pécule, c'est-à-dire de ce que les deux époux ont acquis pendant la durée du mariage (1). On voit aussi, par cette formule, que les serfs ne pouvaient se marier sans l'autorisation de leurs seigneurs. Grégoire de Tours raconte l'histoire de deux malheureux serfs qui s'étaient mariés sans le consentement du duc Rauchingue, leur maître, et que celui-ci fit enterrer vifs, malgré les prières du prêtre qui avait béni leur union.

D'après la législation impériale, la femme libre qui épousait volontairement un serf, devenait serve avec toute sa postérité (2). Il en était de même dans le droit barbare; l'enfant né de parents de condition différente, quant à la liberté, suivait la condition inférieure; de là est venu l'axiome coutumier conservé par Loisel : « *En formariage, le pire emporte le bon* ». La loi ripuaire voulait que les parents de la femme libre qui avait épousé un serf, présentassent à celle-ci une épée et un fuseau. Si elle choisissait l'épée, elle devait donner la mort à son mari de sa propre main; si elle prenait le fuseau, elle restait serve avec toute sa postérité. La loi lombarde permettait aux parents de mettre leur fille à mort quand elle avait épousé un esclave.

Le maître du serf laissait quelquefois cependant à

(1) ... Quod ipsi aliquid stante coniugio convenerunt... (f. 44).
(2) C. Theod., Lib. IV, t. 9, c. 1.

la femme ingénue, qui s'était ainsi mésalliée, la liberté, pour elle et pour ses enfants. On en trouve la preuve dans les formulaires; et le nôtre en fournit un exemple. La formule 58e est un modèle des chartes de cette nature. Le maître accorde à une femme ingénue qui avait épousé l'un de ses serfs, la liberté pour elle et pour sa descendance; il leur impose l'obligation, s'ils veulent jamais se vendre comme esclaves, de venir s'offrir à lui ou à ses héritiers et pas à d'autres (1). Il s'engage, en outre, à ne rien réclamer de ce que les époux pourront acquérir pendant la durée du mariage.

L'état des esclaves et des serfs de la glèbe était donc encore en Anjou, à l'époque de la rédaction des formules, ce qu'il était déjà sous la domination des derniers empereurs romains.

III. — Du mariage ; — Divorce. — Sponsalitium.

D'après la législation romaine, le mariage n'était qu'un simple contrat formé par la seule volonté des époux et qu'une volonté contraire avait le pouvoir de dissoudre. Entre personnes honnêtes et d'égale condition, le consentement des parties manifesté devant quelques amis suffisait pour contracter mariage, s'il n'y avait d'ailleurs aucun empêchement légal. D'après une constitution de Théodose et de Valentinien, édictée en 428, la pompe nuptiale, la dot et la dona-

(1) Se eis necessitas fuerit, ad servicio caput eorum inclinatur, non ei detur licencia nisi ad nos, ad heredis nostris propinquioris (f. 58).

tion n'étaient pas nécessaires pour la validité de l'union conjugale (1). La bénédiction nuptiale n'était pas non plus exigée par la loi, bien qu'à cette époque l'Empire fût devenu chrétien (2).

Ce que la volonté des époux avait fait, elle pouvait le défaire. Le divorce par consentement mutuel et même la répudiation opérée par l'un des époux seul, furent longtemps admis par le droit romain. On sait jusqu'à quel point la corruption des mœurs porta cet abus pendant l'époque impériale, puisque, si l'on en croit un ancien auteur, les femmes de Rome auraient compté les années par le nombre de leurs maris. Constantin avait mis quelques limites à la faculté de divorcer (3); mais ce frein resta impuissant, et, en 439, une novelle de Théodose et de Valentinien abolit les entraves imposées par le premier empereur chrétien à la faculté de rompre le mariage, et permit le divorce par consentement mutuel. Il suffisait que l'époux qui voulait se séparer fît signifier à son conjoint un libelle de divorce (4).

L'Eglise cependant proclamait la sainteté du mariage, élevé par J.-C. à la dignité de sacrement. Les canons apostoliques, les décisions des papes, les con-

(1) Cod. Theod., Lib. III, t. 7, c. 3. — Une novelle de Majorien, rendue en 458, changea cet état de choses et exigea la constitution de dot pour la validité du mariage.

(2) En Orient, Léon-le-Philosophe décida au contraire que la bénédiction nuptiale serait nécessaire pour la validité du mariage (Nov. 89).

(3) Cod. Theod., Lib. III, t. 16, c. 1 et 2.

(4) Consensu licita matrimonia posse contrahi, contracta non nisi misso repudio dissolvi præcipimus... (Nov. Theod. Lib. I, t. 17).

ciles et les pères de l'Eglise élevaient la voix de toutes parts en faveur de l'indissolubilité du lien conjugal, conformément à la parole évangélique (1). Mais, malgré les anathèmes de la puissance spirituelle, le divorce resta longtemps en vigueur. Les barbares n'étaient pas à cet égard plus sévères que les Romains. Toutes les chroniques attestent l'inconstance de leurs affections, et la brutale corruption de leurs mœurs. Certains rois mérovingiens, bien que convertis au catholicisme, vécurent avec plusieurs femmes à la fois ; ils répudiaient leurs anciennes épouses et formaient de nouvelles unions au gré de leurs caprices et de leur dépravation (2).

Les usages locaux étaient d'accord avec la barbarie des mœurs franques et la licence des mœurs romaines. L'une de nos formules prouve, en effet, que les matrones angevines, qui devaient être citées plus tard pour leur fidélité à accomplir les devoirs conjugaux (3), usaient encore sans scrupule, au VIIe siècle, de la faculté de divorcer par consentement mutuel. Nous traduisons ici littéralement ce curieux modèle d'un libelle de divorce ; c'est une femme qui s'adresse à son mari :

« Au seigneur un tel, mon époux, non très doux, » mais très amer et très essoufflé, moi une telle.

(1) Qui dimiserit uxorem suam et duxerit aliam, mœchatur, similiter et qui dimissam duxerit, mœchatur (S. Matth., c. 19).

Voir aussi : *Canons apostoliques*, c. 48. — S. Augustin, l. IV, homel. 49. — Concile d'Arles, en 314, c. 10. — Conciles d'Afrique, c. 102. — Innocent, pape, *decret.* 26. — Concile *in Trullo*, c. 79, etc.

(2) Tels furent notamment Chilpéric Ier et Dagobert Ier.

(3) Bodin. Recherches sur le Bas-Anjou, tome II, p. 484, note 3.

» Puisque, par l'interdiction de Dieu et par l'insti-
» gation du diable, nous ne pouvons rester ensemble,
» nous sommes convenus, en présence de bons hom-
» mes, de nous détacher réciproquement; ce que
» nous avons fait. Partout où mon époux voudra
» prendre femme, qu'il ait licence de le faire. Sem-
» blablement on est convenu que partout où la femme
» sus-nommée voudra prendre un mari, elle ait li-
» cence de le faire. Et si désormais l'un de nous
» veut agir ou réclamer contre cette charte, qu'il
» paie tant de sous à l'autre, en présence du juge;
» qu'il ne puisse revendiquer ce qu'il demandera; et
» que cette charte reste inébranlable en tout temps (1). »

On doit remarquer la clause par laquelle les époux s'engagent à ne rien réclamer l'un de l'autre. Elle avait sans doute pour but d'éviter l'application des lois romaines, qui faisaient perdre tout droit à la dot et à la donation nuptiale à l'époux qui divorçait sans motif légitime.

Il faut avouer que l'on ne saurait se quitter de meilleure grâce, ni voir d'un œil plus philosophique son époux s'apprêter à former de nouveaux liens. On nous pardonnera d'avoir traduit cette naïve formule qui peint si naturellement les mœurs de l'époque. Cependant, sans préjudice des décisions générales portées par l'Eglise contre le divorce, un concile tenu à Angers même, en 453, et un autre tenu à Tours, en 461, avaient l'un et l'autre condamné cette antique

(1) Form. 56. — Elle paraît avoir été rédigée sous le règne de Théodoric, en 681.

institution. Mais notre formule montre que l'Eglise n'avait pas encore pu, malgré tous ses efforts, réformer certains usages, derniers et tristes restes du paganisme.

Tels sont les renseignements que nous fournissent les formules sur le lien conjugal; elles s'occupent aussi du règlement des intérêts pécuniaires des époux. Plusieurs renferment des modèles de conventions matrimoniales. Ces conventions sont faites, suivant le texte, soit d'après la loi romaine, soit d'après la coutume du lieu et du consentement des parents qui, conformément au droit écrit, devaient intervenir à la célébration des fiançailles (1).

Le droit écrit appelait *donatio ante nuptias*, ou *sponsalitium*, ce que le mari donnait à sa femme lors des fiançailles et en vue du mariage. Il appelait au contraire *dot* (*dos*), ce que la femme apportait à son mari pour soutenir les charges du ménage. Les mots *sponsalitium* et *dos* avaient donc, dans l'origine, un sens très différent; mais après l'invasion des barbares, la propriété des termes s'effaça, et l'on appela indifféremment *dos*, ou *sponsalitium*, la donation faite par le mari à sa femme au moment des fiançailles, ainsi que le montrent les formules angevines (2). Ces textes

(1) ... Te secundum lege romana sponsata visi sum habire (f. 39).
... Et qua, propicio domeno, iuxtà consuetudinem una cum volumtate parentum tuorum spunsavi (f. 1, § 3).

(2) ... Cido tibi de rem paupertatis mœe tam pro *sponsaliciæ* quam pro largitate tuæ... (f. 1. § 1).
Incipit dotis... fatuor me hanc libellum *dote* scribere deberent (f. 34, § 1).
Dans ces deux formules, il s'agit, malgré la différence des termes, de la donation faite par le fiancé à sa fiancée.

appellent la fiancée *dulcissima sponsa,* expressions qui contrastent très à propos avec les termes *amarissimus jocalis* du libelle de divorce.

Du mot *dos,* détourné de son sens primitif, le latin barbare forma *dotarium,* d'où sont venus les mots *douaire, doario, douer,* qui, dans les langues modernes, désignent un avantage fait à la femme en vue du mariage, soit par le mari lui-même, soit par la loi (1). Mais nos formules n'emploient encore que les mots *dos* et *sponsalitium;* elles ne s'occupent que de la donation faite par le mari lui-même, le douaire légal ou coutumier n'existait pas encore dans les temps mérovingiens.

Le texte mentionne les différents objets que le fiancé donnait à sa fiancée à titre de dot. Ce sont des immeubles, des troupeaux, des esclaves, des meubles et des bijoux; en un mot tous les biens et toutes les richesses que l'homme peut posséder (2). Ces énumérations sont curieuses pour la peinture des mœurs du temps. Elles montrent, par exemple, qu'à cette époque les femmes montaient à cheval, car le mari fait cadeau à la sienne d'un cheval tout équipé; que les troupeaux faisaient alors une partie notable de la

(1) Dans la langue espagnole moderne, le douaire est appelé *arras* (arrhes), expression empruntée à la loi des Wisigoths, qui appelle ainsi le *sponsalitium*.

(2) Cido tibi... casa cum curte circumcincte, mobile et inmobile... Cido tibi bracile valente soledis tantus, tonecas tantas, lectario ad lecto vestito valento soledis tantus, inaures aureas valente soledus tantis, annolus valentus soledus tantus. Cido tibi caballus cum sambuca et omnia stratura sua, boves tantus, vaccas cum sequentes tantus, ovis tantus, soledis tantis... (f. 1, § 3).

... Mancipia tanta his nominibus... (f. 39).

richesse ; enfin que les bijoux et les ornements qu'il est d'usage de donner à la fiancée, étaient à l'époque mérovingienne, comme de nos jours encore, les mêmes qu'au temps d'Eliézer et de Rébecca.

Le *sponsalitium* n'était pas toujours donné sous les mêmes conditions. D'après les formules, la donation produit son effet à partir du jour des noces (1); les époux doivent en jouir ensemble et posséder en commun les biens qui la composent (2); mais à la dissolution du mariage, les droits de l'épouse sont diversement réglés, suivant les conventions faites au moment des fiançailles. Tantôt le texte de la convention accorde à la femme la propriété même des objets donnés, avec la charge de les transmettre aux enfants à naître du mariage (3); tantôt il l'autorise à disposer de sa donation dans le cas où le mari ne laisserait pas, en mourant, d'enfants issus du mariage (4); mais quelquefois aussi, la femme n'a que l'usufruit du *sponsalitium* (5).

Nos formules ne fournissent pas d'autres rensei-

(1) ... Ad die filicissimo nupciarum tibi per hanc cessione dileco adque transfundo, ut in tuæ iure hoc recepere debias... (f. 1, § 3). Voir aussi form. 39 et 53.

(2) Hæc omnia rem superius nomenata quamdiù adviximus ambo pariter hoc tenire et possedire debiamus (f. 53).

(3) Hec omnia subscripta rem in tuæ iure et dominacione hoc recipere debias, vel posteris suis inter nos procreati fuerunt derelinquenti... (f. 1, § 3).

(4) Et se acnacio de nobis procreata non fuerit, hec omnia rem superius nomina hec tenire et possedire debiant, et cui voluerit derelinquas (f. 53).

(5) Hec omnia superius nominata... habias concessum dùm advixeris perpetualiter ad husumfructuario ad possediendum absque præiudicio cuius terre esse videtur (f. 39).

gnements sur la donation nuptiale; elles ne renferment aucune constitution de dot proprement dite, et ne nous apprennent rien par conséquent sur l'apport matrimonial de la femme. Cependant, comme elles se réfèrent au droit romain, il est fort à croire qu'à l'époque de leur rédaction, le régime dotal romain, tel que nous le voyons décrit dans le code Théodosien, était encore en vigueur en Anjou (1). La communauté de biens entre époux, cette institution qui devait devenir plus tard si générale dans la France coutumière, n'existait pas encore aux temps mérovingiens.

Les Barbares ne changèrent pas le système des lois impériales sur les rapports matrimoniaux. Leurs coutumes nationales n'avaient réglé que très imparfaitement ce qui touche à ce sujet. Chez eux, avant leur conversion au christianisme, la femme était considérée comme une marchandise que le mari achetait aux parents; il eût acquis de même un esclave ou une tête de bétail. Les lois saxonnes et anglo-saxonnes en font foi (2). L'usage de contracter mariage par *le sou et le denier* symboliques, que mentionnent certaines formules anciennes, était un souvenir de l'achat primitif de la femme. Le mari, ainsi que le rapporte

(1) La dot, d'après l'ancien droit romain, était aliénable. L'inaliénabilité n'a été établie en Orient que sous Justinien. En France, au XIe siècle, le mari pouvait encore disposer du fonds dotal avec le consentement de sa femme et celui des parents de celle-ci (*Petri exceptiones*, Lib. I, c. 34). — Voir les formules 1, 39 et 53.

(2) Si quis fœminam mercetur det pecuniam (Leges Inæ, c. 31). — Voir aussi : Lois d'Œthelbirth, c. 32. — Lex saxon., t. 10, c. 1, t. 18, c. 1. 2.

Tacite, donnait aux parents, en échange de leur fille, des armes et des troupeaux (1). Puis il faisait à sa femme, le lendemain des noces, un présent qui s'appelait, en langue tudesque, *morgengab*, c'est-à-dire *don du matin (pretium virginitatis)*. Le morgengab consistait ordinairement en bijoux et en objets mobiliers, mais il comprenait aussi quelquefois des immeubles. Les rois francs donnaient à leurs épouses des villes et des provinces entières (2).

Après leur conversion au christianisme, les Germains cessèrent de considérer le mariage à ce point de vue tout matériel. On n'acheta plus la femme, mais on continua pendant longtemps à payer aux parents de la fille une somme d'argent pour les indemniser de la perte du *mundium*, c'est-à-dire de la puissance ou tutelle qu'ils exerçaient sur elle. Lorsqu'on voulait épouser une veuve, on devait aussi fournir une somme d'argent (trois sous et un denier) aux héritiers du mari défunt. Toutes les lois barbares font allusion à ces coutumes (3). A l'époque carlovingienne, l'usage de payer le prix du *mundium* aux parents finit toutefois par s'effacer (4).

Cependant dès les temps mérovingiens, les Germains avaient emprunté à la tradition romaine l'usage du *sponsalitium*, sanctionné déjà par le droit canoni-

(1) *De moribus Germanorum*, c. 18.

(2) Voir le traité d'Andelot.

(3) Lex salica, t. 44. — Lex Burgundionum, t. 14, c. 3, t. 66. — Lex Langobardorum, Rotharis, c. 179, 183, 187.

(4) Un capitulaire de 812 abolit le *reipus*, c'est-à-dire l'achat symbolique de la veuve par le second mari (Cap. de 812, c. 8, *de interpret. Legis salicæ*).

que (1). Toutes les formules de cette époque mentionnent le don que devait faire le fiancé à sa future épouse au moment des fiançailles. La femme qui se mariait suivant le droit germanique, recevait donc une double donation : le *sponsalitium* ou *dos* avant le mariage, et le *morgengab,* le lendemain des noces. L'état de la femme s'était notablement amélioré sous l'influence de l'Eglise et du droit romain. Le don fait par le mari était devenu un avantage matrimonial pour la femme, au lieu d'être, comme dans l'antiquité barbare et païenne, le prix de l'achat de celle-ci. Le *morgengab* et la *dos* devaient même finir par se confondre ensemble sous le nom de douaire, à une époque postérieure.

A la dissolution du mariage, la veuve reprenait non-seulement sa dot ou *sponsalitium* et son *morgengab,* mais encore ce qu'elle avait apporté de chez ses parents, et qu'on appelait en latin barbare *faderfium.* Cet apport consistait primitivement en troupeaux, comme le nom l'indique (2). En outre, la plupart des lois barbares accordaient à la femme un droit sur les biens acquis pendant le mariage par la collaboration commune. Ce droit était fixé par la loi ripuaire

(1) Nullum sine dote fiat conjugium (Concile d'Arles, en 524). — ... Ingenua et dotata legitime, et publicis nuptiis honestata (S. Leon. decret. 18, 19, ap. Dionysium exiguum).

(2) *Faderfium* vient des mots tudesques *vaders fels*, et signifie littéralement *troupeau du père*. Il est employé dans la loi lombarde, mais on ne le trouve pas dans la loi salique. Les plus anciens documents de l'époque féodale appellent *maritagium* l'apport de la femme. Les coutumes emploient souvent dans le même sens le mot *mariage* (Voir notamment la coutume de Normandie).

au tiers des acquêts; les formules de Marculf nous apprennent aussi qu'à Paris, chez les Francs Saliens, comme sur les bords du Rhin, la femme avait droit à la même portion des biens acquis (1).

Nos formules ne s'occupent pas spécialement du mariage germanique. Cependant l'une d'elles nous montre que l'usage de laisser à la femme le tiers des biens acquis pendant le mariage, avait pénétré en Anjou. Elles ne mentionnent nulle part le *morgengab*, mais la disposition qui appelle la femme à recueillir une quote-part des acquêts, est complétement étrangère au droit romain; elle suffit pour montrer que les formules angevines ont subi l'influence des coutumes germaniques (2).

IV. — Des successions, des testaments et des donations.

Nos formules sont à peu près muettes sur les successions *ab intestat;* mais comme elles se réfèrent au droit romain, en ce qui touche les successions testamentaires et la part réservée aux héritiers, il est permis de croire que la même législation était aussi en vigueur, au VIIe siècle, en matière de succession légitime. C'est dans le code théodosien qu'il faut chercher quel était alors sur ce sujet le droit commun de la Gaule Une formule, toutefois, mentionne un par-

(1) Lex rip., t. 37, c. 2. — Marc., Lib. II, f. 7, 17.

(2) Et peculiare, quod sitante coniugio labore potuerit, ipsa femena tercia parte exinde habeat... (f. 58).

tage opéré par parts égales entre les enfants *(æquâ lance)* (1).

Cette expression a été employée par Grégoire de Tours, en parlant du partage des provinces de la Gaule entre les fils de Clovis. Elle fait allusion au symbolisme en vigueur à l'époque barbare. On sait que la lance et la baguette étaient, chez les Germains, le signe de la propriété. A l'époque mérovingienne, toutes les mutations de propriété s'opéraient au moyen de cérémonies symboliques, *per festucam et andelangum, per cespitem* (par la baguette et la tradition manuelle, par la touffe de gazon), etc. (2). Le symbolisme avait joué aussi un grand rôle dans le droit romain primitif. C'était par la baguette que s'opérait la revendication en justice, au temps de la loi des Douze Tables, et même à une époque postérieure (3). Le droit impérial avait conservé peu de formules et de symboles du droit quiritaire; mais, après l'invasion des peuples du Nord, les coutumes germaniques remirent partout le symbolisme en usage. Il a existé du reste chez tous les peuples primitifs; sa nécessité est presque absolue quand la connaissance de l'écriture est peu répandue; il est destiné à la remplacer, à fournir la preuve des actes et à leur donner l'authenticité.

(1) ... Et ubi aliubi ex nostra sine epistolis oblegatum et infantis nostris comutarent, tu cum ipsis *equalis lanciæ* devidere facias. (f. 36.)

(2) Form. Lindenbrog. — Form. italicæ, *passim*.

(3) Hunc ego hominem ex jure Quiritium meum esse aio secundum suam causam, sicut dixi. Ecce tibi vindictam imposui (Formule de l'*actio sacramenti*).

... Vis civilis et festucaria *(Aulus-Gellius)*.

Les termes *æquâ lance* nous rappellent en outre que le partage se faisait alors par parts égales entre les enfants. La succession de l'homme, qui vivait d'après le droit romain, ne faisait qu'un seul tout; les enfants, sans distinction de sexe, partageaient également tous les biens, meubles et immeubles, héréditaires ou acquis. La succession du barbare, qui vivait suivant la loi salique, ne se divisait pas de la même manière. Les fils seuls prenaient la terre héréditaire, celle qui provenait des aïeux; peut-être même, dans l'origine, prenaient-ils toute la terre acquise par la conquête et au prix du sang (1). Le surplus des biens, c'est-à-dire les meubles, les troupeaux, l'argent comptant et les esclaves, était partagé entre les fils et les filles du défunt. D'après certaines lois barbares, ces dernières prenaient en préciput les vêtements et les bijoux de leur mère. Au fils, ou au plus proche héritier mâle, le cheval de bataille et les armes du père ou du parent; à la fille, les ornements à l'usage des femmes (2). Quant au droit d'aînesse, il n'existait pas encore (3).

La formule dont nous nous occupons fait allusion à un partage de terres entre tous les enfants, sans désigner spécialement les mâles; toute sa teneur se réfère d'ailleurs au droit romain; nous devons donc la considérer comme applicable aux Gallo-Romains du pays, plutôt qu'aux Francs saliens.

(1) De terrâ vero salicâ in mulierem nulla portio hæreditatis transit, sed hoc virilis sexus acquirit (Lex. sal., t. 62, c. 6).

(2) Lex Burgundionum, t. 51, c. 3, 4, 5, 6. — Lex Angliorum et Werinorum, t. 6, c. 6.

(3) Tacite mentionne cependant une tribu germanique chez laquelle le fils aîné prenait le cheval et les armes de son père.

Une autre formule est un modèle d'acte de partage entre frères; elle ne mentionne que les mâles *(germani)*; rien cependant dans ses expressions ne paraît s'appliquer spécialement au droit germanique. Les héritiers opèrent entre eux le partage, prennent chacun leur part et s'engagent les uns envers les autres à ne pas s'inquiéter réciproquement, sous peine pour le contestant de perdre la portion qui lui a été attribuée. Chacun pourra jouir de ce qui lui revient, le posséder et en disposer à son gré. Les co-partageants confirment de leurs mains le contrat qu'ils viennent de faire et la garantie qu'ils se sont promise (1).

Le formulaire angevin est plus explicite, relativement aux testaments et aux donations. La formule 40e est un modèle de testament mutuel. Deux époux n'ayant pas d'enfants se font réciproquement, par testament, une donation en toute propriété. Cet avantage porte tant sur les biens appartenant aux époux au moment de la rédaction de l'acte, que sur ceux qui leur appartiendront plus tard à quelque titre que ce soit. Le testament n'aurait pas d'effet dans le cas où il surviendrait des enfants. Ce que l'on doit remarquer surtout dans cette formule, c'est l'étendue de la donation. Elle comprend les trois quarts de la succession de chacun des époux, chacun des deux testateurs réservant formellement le dernier quart pour ses propres héritiers (2). Cette disposition est

(1) Unde convenit ut manus eorum firmatas inter se accipere deberunt, quod ità et fecerunt; ut unusquisque quod accipit, habeat, teneat et possedeat, vel cui voluerit derelinquat (f. 54).

(2) Ut tu coniux mea illa illas tris porcionis, et ipsi heredis mei illa quarta, similiter debetis percipere et possedere (f. 40).

toute romaine. D'après la loi des Douze-Tables, le testateur pouvait disposer de sa succession de la manière la plus absolue (1); plus tard la jurisprudence et les constitutions impériales défendirent de disposer de plus des trois quarts de la succession au préjudice des héritiers du sang; la portion réservée à ces derniers fut appelée *quarte falcidie* (2). Le testament relaté par nos formules est complétement conforme à cette jurisprudence; il atteste la persistance du droit romain, chez les populations gauloises, après la conquête germanique.

Nous trouvons aussi parmi nos formules plusieurs modèles d'actes entre-vifs qui se réfèrent au droit romain. L'une d'elles nous montre un père faisant à son fils une donation, afin de lui témoigner sa reconnaissance pour les services qu'il en a reçus. Le texte suppose que le fils a porté les armes pour le donateur chez les Bretons et chez les Basques, qui étaient, à cette époque, les ennemis les plus acharnés des rois francs, et qui ravageaient sans cesse les provinces de l'ouest et celles du midi de la Gaule. La donation est faite, par préciput et hors part, pour parler le langage du droit moderne. Le fils, après l'avoir reçue du jour même de l'acte (*à die presente*), n'en partagera pas moins par parts égales avec ses frères et ses sœurs le reste de la succession paternelle lorsqu'elle sera ouverte (3). Au VIIe siècle on

(1) Uti legassit super pecunia tutelave suæ rei ità jus esto (Lex XII, tab. V).

(2) Inst. Just., Lib. II, t. 18, c. 3.

(3) ... Partibus Britanici seu Wasconici austiliter ordine ad spe-

pouvait donc encore, par une disposition spéciale, avantager un enfant, ainsi que le permettait le droit romain. Mais plus tard cette faculté cessa d'exister en Anjou, car la coutume rédigée au XIIIe siècle veut que la plus parfaite égalité règne entre les enfants, excepté dans les successions féodales, où les droits d'aînesse et de masculinité introduisaient nécessairement l'inégalité (1).

Dans une autre formule, on voit un père donner à son fils les deux tiers de son bien, en réservant le reste aux autres héritiers. Cette donation est faite à la charge par le donataire de nourrir, de vêtir le donateur et de pourvoir à tous ses besoins (2). Cet acte est comme le précédent, une donation entre-vifs qui doit avoir son effet dès le jour de sa rédaction (*a die presente*).

Notre formulaire renferme encore quelques autres donations entre-vifs, conçues à peu près dans les mêmes termes que celles dont on vient de parler. L'une est une donation rémunératoire (3); l'autre une donation faite à la nièce ou petite-fille du donateur, à cause de sa douceur et de son affection (4); une

cie mea fuisti; proindè convenit nobis ut aliquid de facultatis nostra te *emeliorare* deberent, quod ità et fecerunt... hoc ad die presente perpetualiter ordine tradimus ad possedendum. . . et ubi aliubi ex nostrâ sine epistolis oblegatum et infantis nostris remutarent, tu cum ipsis equalis granciæ devidere facias (f. 36).

(1) Anciens usages d'Anjou publiés par M. Marnier, art. 104.

(2) ... A tamen condicione ut, dùm advixero, mihi in omnibus tàm de victo quam et de vestito soniare, mihi debiat (f. 57).

(3) Form. 55.

(4) ... Propter amorem dulcetudinem suam (f. 35).

— L'altération des mots du texte et le double sens du terme *nepos*

autre enfin est en faveur d'une abbaye de femmes, située dans l'intérieur des murs d'Angers et représentée par son abbesse. Cette formule nous rappelle les immenses donations que les couvents recevaient alors de toutes parts et la faveur dont l'usage entourait les donations pieuses (1).

Il faut remarquer dans ces différents modèles d'actes, la persistance de la tradition romaine. Toutes ces formules de donation ou de testament sont conçues dans la forme romaine. Presque toutes invoquent formellement le droit romain. Presque toutes aussi rappellent en propres termes que, d'après cette législation, chacun est le maître absolu de sa chose et peut en disposer comme bon lui semble, sans aucune restriction (2). Il n'en était pas de même dans le droit barbare. Chez tous les peuples du Nord et de l'Ouest, soit d'origine germanique, soit d'origine celtique, la terre était, pour ainsi dire, le patrimoine héréditaire de toute la famille. Le propriétaire actuel n'était guère qu'un usufruitier ou qu'un administrateur

ne permettent guère de décider s'il s'agit d'un petit-fils ou d'une petite-fille, d'un neveu ou d'une nièce.

(1) ... Et illud quod ad loca sanctorum, ad congregacione monachorum confertur, nunquàm perit, sed ad memoriam eternam et justicia repotitur (f. 45).

(2) Licet unicuique de rebus suis, quas in presente seculo viditir, tam ad sanctorum loca seu parentum meliorare, et *lex manet*, et consuetudo longinquam percurrit facere quod voluerit.. (f. 36).

... *Lex romana* et antiqua consuetudo exposcit ut unusquis homo, dum in suum contenit arbitrium, de rebus suis propriis aliquid pro anime suæ compendium dare decreverit, licentiam habiat (f. 45).

Lex romana et docet consuetudo pacem consentit, et regalis potestis non prohibit ut unusquis de rem suam, quem in presente diæ possedit, faciat quod voluerit (f. 57).

obligé de remettre en mourant à ses descendants les biens qu'il avait reçus de ses aïeux. Aussi ne pouvait-il disposer de son *allod,* soit pendant sa vie, soit à sa mort, qu'avec le consentement des héritiers présomptifs. Les lois galloises, les lois scandinaves et danoises, les lois saxonnes, anglo-saxonnes et anglo-normandes renferment toutes sur ce sujet des dispositions analogues (1). Dans beaucoup de chartes de l'époque barbare et des premiers siècles féodaux, on mentionne l'assistance des héritiers présomptifs; ils venaient confirmer l'acte qui, sans leur concours, eût été de nulle valeur (2). Cependant les dons et les legs pieux furent de bonne heure affranchis de ces entraves.

Les formules angevines ne mentionnent nulle part la nécessité de faire confirmer les actes de donation par les héritiers présomptifs; loin de là, elles s'appuient toujours sur le principe contraire, et rappellent à chaque instant la faculté presque illimitée de disposer, qu'avaient sanctionnée les codes impériaux. Cette observation démontre complètement ce que nous avons avancé au commencement de cet article, à savoir, que le droit romain est la source la plus abondante de nos formules, et qu'il a fait le fond de cette première coutume d'Anjou.

Nous devons toutefois faire observer, comme nous l'avons déjà dit plus haut, que nos formules distin-

(1) Leges Sueciæ. *De jure hæreditario.* — Jus danicum, lib. v, c. 2. — Leges Œlfredi, c. 37. — Lex Saxonum, t. 17. — Leges Wallicæ, lib. II, 17, 1. — Glacwill lib. VII, c. 1.

(2) Voir les cartulaires de la Trinité de Vendôme, de Notre-Dame de Paris, de Redon, etc., *passim.*

guaient le propre et l'acquêt, qu'elles appelaient le premier *alode* et le second *comparatum* (1). Cette distinction était complétement étrangère au droit romain, qui permettait au testateur de disposer de son bien, et qui réglait, à défaut de testament, l'ordre de la succession légitime, sans égard à l'origine des biens. C'est donc l'influence germanique qui l'a introduite dans le formulaire angevin. Mais, à l'époque barbare, elle n'avait pas encore acquis une grande importance.

Dans les formules angevines, comme dans tous les formulaires gallo-francs, on voit le donateur disposer d'une manière absolue et au même titre de ses propres et de ses acquêts. On mentionne séparément ces deux sortes de biens, mais la loi romaine régit également les uns et les autres. Sous la féodalité, cette distinction acquit une tout autre portée; le principe germanique s'appliqua aux propres, et le principe romain aux acquêts. L'aliénation des premiers ne put s'opérer que du consentement de la famille, tandis que celle des seconds fut permise de la manière la plus étendue (2). On distingua aussi les propres des

(1) ... Quem in pago illo et illi ex aloto parentum meorum, vel de qualibet contractum mihi legibus obvenit... (f. 40).

... Quem propriâ pecuniâ comparavimus (f. 45).

(2) ... Habebat autem dominus Hugo duos nepotes filios Seguini fratris sui sine quorum concessione elemosyna domini Hugonis stabilis esse non poterat.

(Charte de 1096, du prieuré de Saint-Martin-des-Champs, ud Galland. Traité du franc-alleu).

... Et quia emptio erat sua, poterat eam dare cui volebat sine ulla contradictione.

(Charte de 1039 du cartulaire de la Trinité de Vendôme, ap. Galland).

acquêts, en matière de succession *ab intestat* et de communauté conjugale. Mais pendant la période gallo-franque, la fusion des races n'étant pas encore opérée, chaque peuple suivait ses lois particulières et vivait de sa vie propre.

V. — Des contrats.

Les jurisconsultes romains avaient classé avec soin les différentes espèces de contrats. Ils avaient distingué ceux qui se forment par la chose même (*re*), par paroles ou stipulations (*verbis*), par écrit (*litteris*) et enfin par le seul consentement (*consensu*). Les conventions reconnues et nommées par la loi ou par la jurisprudence, donnaient seules naissance à des actions; l'exécution pouvait en être demandée en justice (1). Mais si la convention n'avait été ni prévue, ni munie d'une action judiciaire par la loi, les parties n'avaient pas droit d'en exiger l'accomplissement. L'accord des volontés ne formait alors qu'un simple pacte (*pactum nudum*), dépourvu de toute sanction judici ire et abandonné à la bonne foi des parties (2).

Pendant les premiers siècles de Rome, les engagements se contractaient à l'aide de formalités symboliques, propres au droit quiritaire et qui ne devaient être employées que par les seuls citoyens romains. La cérémonie appelée *mancipium* et l'em-

(1) Istæ quidem actiones ex legitimis et civilibus causis descendunt. Aliæ autem sunt quas prætor ex sua jurisdictione comparatas habet (Just. inst., Lib. IV, t. 6, § 3).

(2) Ex nudo enim pacto inter cives romanos actio non nascitur. (Paul. sentent., Lib. II, t. 14, c, 1).

ploi de certaines formules solennelles pouvaient seuls les obliger et créer entre eux un lien de droit (1).

Plus tard, les jurisconsultes admirent que certains contrats seraient valables sans avoir été formés par le *mancipium* symbolique, ou par les formules de la stipulation. Tels furent le *mutuum*, le commodat, le dépôt et le gage, qui purent se former par la chose elle-même (*re*) ; la vente, le louage, le mandat et la société, pour la validité desquels la jurisprudence admit que le seul consentement des parties serait suffisant. Ces conventions n'étaient d'abord que de simples pactes qui tiraient leur origine du droit des gens ; le droit quiritaire ne reconnaissait pas en effet les engagements formés d'une manière aussi simple. Mais lorsque la jurisprudence les eut munis d'actions judiciaires et leur eut donné force exécutoire, ils passèrent au rang des contrats et reçurent en quelque sorte leurs lettres de noblesse (2).

La vente fut donc mise par les jurisconsultes romains au nombre des contrats consensuels ; elle occupa même le premier rang parmi eux. Cependant, bien que l'accord des parties sur la chose et sur le

(1) Quum nexum faciet mancipiumque, uti lingua nuncupassit ità jus esto (Lex XII, tab. VI).

Mancipatio... quod et ipsum jus proprium civium romanorum est (Gaïus comment., lib. I, c. 19).

(2) Juris gentium conventiones quædam actiones pariunt, quædam exceptiones. Quæ pariunt actiones in suo nomine non stant, sed transeunt in proprium nomen contractus ; ut emptio, venditio, locatio conductio, societas, commodatum, depositum et cæteri similes contractus Ulpian. frag. 7, proem. et § 1, Dig. *De pactis*).

prix fût suffisant pour constituer le contrat de vente, la convention ne pouvait par elle-même transférer à l'acquéreur la propriété de l'objet vendu ; ce droit restait fixé sur la tête du vendeur, jusqu'au moment où celui-ci remettait la chose aux mains du premier. D'après les principes du droit romain, un contrat donnait en effet naissance à une obligation, mais il ne pouvait opérer un changement de propriété. Le vendeur était tenu de livrer l'objet ; l'acheteur, d'en payer le prix ; quant à la propriété même, elle n'était transférée que par la tradition de la chose vendue (1).

A l'époque des jurisconsultes classiques, la cérémonie du *mancipium* ou *mancipatio* était encore nécessaire pour la translation de la propriété de certains objets déterminés par la loi. Elle ne l'était plus, il est vrai, pour former le contrat et pour donner naissance au lien de droit, mais le changement de la propriété était une chose toute différente. Les objets que l'on devait livrer à l'aide de la *mancipatio,* étaient ceux qui, dans Rome primitive, formaient seuls le patrimoine des citoyens, avant que la conquête du monde et la marche de la civilisation eussent introduit dans le commerce une foule de richesses d'origine étrangère et restées inconnues aux vieux Quirites, tant qu'ils conservèrent la simplicité de leurs

(1) Traditionibus et usucapionibus dominia rerum, non nudis pactis transferuntur (l. 20, cod. *De pactis*).

Le code civil décide au contraire que la vente transfère par elle-même, avant la livraison et le paiement du prix, la propriété de la chose vendue (C. N., art. 1582, 1583). La loi sur la transcription a modifié cet état de choses.

anciennes mœurs. Tels étaient les immeubles situés sur le sol italique, les esclaves, les quadrupèdes d'origine indigène, etc. Ces choses étaient appelées, pour ce motif, *res mancipi* (1).

Voici comment s'opérait la *mancipatio*. L'acquéreur, en présence de cinq témoins, prononçait une formule solennelle, puis il touchait avec un lingot de cuivre une balance, que tenait un *libripens*, et remettait au vendeur le cuivre, qui signifiait symboliquement le prix de la chose (2). Lorsque cette formalité avait été remplie, la propriété de l'objet donné *in mancipio* passait à l'acheteur; mais si l'on avait livré à celui-ci, sans accomplir la cérémonie solennelle, une des choses pour la tradition desquelles elle était requise, cet acquéreur ne devenait pas propriétaire de l'objet livré, d'après le droit des Quirites. Au contraire, lorsqu'il s'agissait d'une chose inconnue aux anciens Romains et que le droit quiritaire n'avait pas rangée parmi les *res mancipi*, la simple livraison ou tradition naturelle de cet objet suffisait pour en transférer la propriété à l'acheteur (3).

Peu à peu la distinction des choses *mancipi* et *nec*

(1) Ulpian. Reg., t. 19, § 1. — Gaïus. Comment, lib. II, 41.

(2) .. Adhibitis non minus quam quinque testibus, civibus romanis puberibus, et præterea alio ejusdem conditionis, qui libram œneam teneat qui appellatur libripens; is qui mancipatio accipit rem tenens ità dicit : « Hunc ego hominem ex jure Quiritium esse aïo, » isque mihi emptus est hoc ære, æneà que librâ. » Deindè ære percutit libram idque œs dat ei à quo mancipatio accipit quasi pretii loco (Gaïus. Comment, lib. II, 119).

(3) Traditio propria est alienatio rerum nec mancipi (Ulp. reg., t. 19, § 7).

mancipi s'effaça et la propriété put se transférer par la seule tradition, quel que fût l'objet livré. Une constitution de Justinien effaça même les dernières traces du domaine quiritaire (1). Mais le droit romain n'en resta pas moins fidèle au principe en vertu duquel les contrats ne pouvaient transférer la propriété, et considéra toujours la vente et la livraison de la chose comme deux actes parfaitement distincts (2).

La théorie savante du droit romain sur cette difficile matière s'altéra, après l'invasion des peuples du

(1) Cujuscumque generis sit corporalis res tradi potest, et à domino tradita alienatur (Inst., Lib. II, t. 1, § 40. — Cod., lib. VII, 25).

(2) Dans l'origine, la cérémonie de la *mancipatio* n'était autre que la vente elle-même. L'argent monnayé n'étant pas encore connu, les mutations s'opéraient par des échanges : *Origo emendi vendendique à permutationibus cœpit* (Paul. frag. 1, Dig. *De contrahenda emptione)*. On pesait le cuivre donné au vendeur par l'acquéreur en échange de la chose... De là, l'emploi de la balance et du lingot de cuivre, ainsi que la présence du *libripens* pour l'accomplissement du *mancipium*.... *Olim æris tantum nummis utebantur.... eorumque nummorum vis et potestas non in numero erat sed in pondere...* (Gaïus, comment. lib. I, 122).

Cette cérémonie servait à la fois à former le lien de droit *(nexus)*, ainsi que le montre la loi des Douze-Tables que nous avons citée plus haut, et à transférer symboliquement la propriété. Plus tard, lorsque l'usage de la monnaie se fut répandu, on cessa de peser le cuivre, et l'on se contenta de toucher la balance avec le lingot. La vente étant devenue d'ailleurs un contrat consensuel , le *mancipium* ne fut plus alors qu'une vente fictive, qui n'eut d'autre objet que de transmettre la propriété des choses *mancipi*. *Est autem mancipatio imaginaria quædam venditio... Eo modo et serviles et liberæ personæ mancipantur, animalia quoque quæ mancipi sunt, quo in numero habentur boves, equi, muli, asini; item prædia tam urbana quam rustica quæ et ipsa mancipi sunt, qualia sunt italica, eodem modo solent mancipari* (Gaïus, comment. lib. I, 120). Au temps des jurisconsultes classiques, tous les anciens symboles du droit quiritaire avaient perdu leur objet primitif.

Nord, ainsi que le montrent les monuments de l'époque barbare. Les documents que nous possédons renferment de nombreux modèles d'actes de vente. Ces actes constatent à la fois la vente, le paiement du prix convenu et la livraison de la chose. Ils relatent, à vrai dire, l'exécution du contrat plutôt que la convention qui a donné naissance à l'obligation. Ils semblent même confondre ces deux choses, si différentes cependant et que les jurisconsultes romains distinguaient avec tant de précision. On voit dans certains formulaires, et notamment dans celui de Marculf, que le droit barbare avait singulièrement méconnu la véritable nature du contrat de vente. Au lieu de le faire consister dans l'accord des volontés sur la chose et sur le prix, le praticien du VIIe siècle le confond avec la livraison de la chose et avec le paiement du prix (1). Les formules de Mabillon nous permettent de croire que les mêmes notions avaient cours chez les Gallo-Francs d'Anjou. La confusion, que nous signalons dans l'ouvrage de Marculf, se retrouve en effet dans le formulaire angevin qui relate la vente, le paiement du prix et la mutation de la propriété sans distinguer ces différents actes (2).

(1) Licet empti venditique contractus solà pretii adnumeratione et rei ipsius traditione consistat... (Marc., lib. II, f. 19).

Les jurisconsultes romains s'exprimaient sur le même sujet d'une manière bien différente : *Emptio et venditio contrahitur cùm de pretio convenerit, quamvis nundum pretium numeratum sit, ac ne arra quidem data fuerit* (Gaïus, Comment., lib. III, 139).

(2) Constat me vendedisse et ita vendedi... et accipi à vobis precium... ut de ab odiernum diæ memoratus emtor quicquid de ipsa vinia facere volueris liberam in omnibus habeas potestatem faciendi (f. 4. —Voir aussi f 21, 27).

Le droit barbare employait pour la formation des contrats et pour la tradition des objets que l'on voulait donner, vendre ou échanger, une foule de cérémonies symboliques qui rappellent l'ancienne mancipation romaine et que nous avons déjà indiquées plus haut. Mais les formules angevines ne s'occupent pas de ces différents symboles. Il est probable cependant qu'ils étaient employés en Anjou, comme dans le reste de la Gaule franque. Nos formules montrent, d'un autre côté, que le vendeur déclarait, comme cela se fait encore souvent de nos jours, ne pas garantir la contenance de l'immeuble vendu (1).

A côté des formules de vente, nous devons mentionner aussi celles des autres contrats. La formule 8e est un modèle d'acte d'échange. Elle constate, comme celles dont nous venons de parler, non pas la formation du contrat, mais bien son exécution. Les parties opèrent respectivement la livraison des biens faisant l'objet de la convention et s'en donnent quittance l'une à l'autre (2).

D'autres formules nous montrent que les principaux contrats usités de nos jours, et déjà définis par la loi romaine, étaient en vigueur à l'époque mérovingienne. Outre la vente et l'échange, nos formules mentionnent le prêt d'argent avec clause pénale. L'emprunteur s'engage à payer deux fois la valeur du capital, s'il ne le rend pas à l'échéance (3).

(1) Vendedi illa viniola plus menus iuctus tantus... (f. 4).
(2) Form. 8.
(3) Form. 49.

Le formulaire parle aussi du cautionnement (1); de l'antichrèse, avec faculté pour le preneur de jouir de l'immeuble engagé (2); de la transaction (3) et du mandat. On voit le mandataire tantôt déposer à la curie un acte fait au nom de son mandant (4), et tantôt poursuivre en justice les actions de celui-ci contre ses débiteurs (5).

Ce qu'il faut remarquer enfin, ce sont les moyens employés par les rédacteurs des formules pour en assurer l'exécution. Une peine est prononcée d'avance contre quiconque attaquera la décision des parties contractantes, quelle que soit la nature du contrat; constitution de dot, vente, affranchissement, donation, tous les actes reçoivent une sanction. Tantôt cette sanction est une simple amende prononcée contre le contrevenant (6); tantôt c'est la peine même de l'excommunication. L'une de nos formules prononce sur la tête du coupable les plus terribles anathèmes :

« Qu'il encourre d'abord le jugement de Dieu;
» qu'il soit chassé de toutes les églises et de toutes les
» basiliques; qu'il soit mis hors de la communion de
» tous les évêques; qu'il soit maudit, de cette malé-
» diction qui frappa Judas Iscariothe, et que le Christ
» seul puisse lui faire miséricorde... (7) »

(1) Form. 18.
(2) Form. 22.
(3) Form. 5, 6, 42.
(4) Form. 1.
(5) Form. 47, 50, 51.
(6) Form. 1, 2, 3, 4, etc.
(7) Form. 23. — Voir aussi f. 45, 48, 57.

VI. — De la procédure ; — Serment purgatoire ; — Droit de vengeance.

La jurisprudence romaine avait créé un système de procédure d'une admirable précision. Chaque action avait une formule sacramentelle qui en déterminait la nature et la portée. Le Préteur donnait au demandeur celle dont il avait besoin ; un *judex* ou juré décidait la question de fait qu'elle renfermait ; puis le magistrat faisait l'application de la loi. L'usage des formules judiciaires tomba cependant en désuétude pendant les dernières années de l'Empire romain ; les fonctions du magistrat et celles du *judex* se confondirent, et un nouveau système de procédure fut inauguré sous le règne de Dioclétien (1). A l'époque de l'invasion des Barbares, les magistrats romains décidaient à la fois, dans chaque procès, la question de fait et la question de droit.

Les Germains établis sur le sol de l'Empire apportèrent aussi leur manière de procéder en justice. Elle était grossière et barbare comme les mœurs des conquérants. Celui qui voulait assigner son adversaire devant le *graff* se rendait, en présence de témoins, au domicile du premier et le sommait de comparaître à l'assemblée des rachimbourgs, qu'on appelait *malberg* dans la langue des barbares, parce qu'elle se tenait habituellement en plein air sur une colline (2). La

(1) Lex. 2, cod, *De pedan. judic.*

(2) Malberg vient des mots tudesques *mall* (assemblée) et *berg* (colline). — Un capitulaire ordonna de construire des salles où les rachimbourgs pussent se retirer lorsque le mauvais temps ne permettait pas de siéger dehors.

citation s'opérait au moyen de la baguette symbolique (*per festucam*) (1). Si le défendeur ne comparaissait pas et n'envoyait personne pour répondre à sa place, le demandeur attendait jusqu'au soir et ne se retirait qu'après le coucher du soleil; puis il faisait citer une seconde et une troisième fois le défaillant devant les juges du malberg. Après tous ces délais on devait prononcer contre le contumace une sentence terrible :

« Qu'il soit mis hors de *la parole du roi* (2), dit le » texte de la loi salique; que le fisc prenne ses biens » et les donne à un autre, que personne ne fournisse » du pain ou n'accorde un asile à ce coupable, fût-ce » même son épouse ou sa proche parente, sous peine » de quinze sous d'amende, jusqu'à ce qu'il fasse ce » qui lui a été enjoint, conformément à la loi (3). »

Lorsque le défendeur comparaissait devant les rachimbourgs, ceux-ci ordonnaient la preuve des faits allégués contre lui. Cette preuve se faisait ordinairement par témoins, car à cette époque on constatait rarement par écrit les différentes conventions humaines. Si la déposition des témoins était insuffisante, on avait recours soit aux ordalies ou épreuves judiciaires, soit au combat, soit au serment.

Plusieurs passages des formules angevines font allusion à la procédure en vigueur au VIIe siècle. Sur ce point elles se réfèrent presque exclusivement au droit barbare; on n'y voit aucune trace de l'ancien

(1) Lex salica, t. 1, c. 3. — Lindenbrog. Form. 168.
(2) C'est-à-dire hors la loi.
(3) Lex sal., t. 59, c. 1. Texte d'Hérold.

système formulaire des Romains, et à chaque instant elles mentionnent les usages de la procédure germanique. On voit par elles que, si chaque contestation devait être jugée au fond, d'après la loi d'origine des plaideurs, la décision était ordinairement rendue suivant la forme barbare.

Les termes de procédure qu'emploient nos formules sont presque tous empruntés à la langue des Germains. Elles constatent le défaut du défendeur de la même manière que la loi salique. Le demandeur attend l'adversaire qu'il a cité à comparaître au malberg, depuis le matin jusqu'au coucher du soleil; il le fait appeler à trois jours différents, et c'est après l'expiration de ces délais qu'il obtient contre lui une sentence de défaut (1). Il existe donc une ressemblance parfaite sur ce point entre les formules angevines et la plus ancienne des lois barbares.

Des différentes sortes de preuves judiciaires usitées chez les Germains, une seule est mentionnée dans nos formules; c'est le serment. Elles ne parlent ni du combat, dont il est question dans presque toutes les lois des temps mérovingiens, ni des ordalies si fréquemment employées à cette époque par les juges des Francs. Il ne faudrait pas en conclure toutefois que ces épreuves diverses fussent inconnues en Anjou; les

(1) Qui ipsi iam superius nomenati placitum eorum legebus a mane usque ad vesperum visi fuerunt custodisse.. (f. 12).

Et ipsi illi ad placetum suum adfuit et triduum legebus custodivit, et solsadivit... (f. 13).

... Prosequere et *admallare* et adcausare facias... (f. 47). — *Admallare* est un terme que le latin barbare a formé du mot tudesque *mall*.

barbares avaient dû les y apporter aussi bien que le serment. Ils étaient attachés à ces antiques usages, derniers débris de leur culte national; de tout temps ils avaient été adonnés aux sortiléges (1), et ils croyaient que le jugement de Dieu se manifestait à leurs regards dans ces redoutables épreuves. Le clergé dut bénir l'eau, le fer et le feu qui servaient à les pratiquer; invoquer la miséricorde du Tout-Puissant en faveur de l'innocent et le glaive de sa justice contre le coupable (2). Les papes se prononcèrent, il est vrai, contre les ordalies et contre le combat (3); le concile général de Latran les condamna (4), et cependant ces anciennes superstitions restèrent en vigueur pendant presque toute la durée du moyen âge (5).

Le serment fut au contraire reçu favorablement par les ecclésiastiques. Les recueils de canons et de décrétales en fournissent souvent la preuve (6).

Lorsqu'ils étaient encore païens, les Francs juraient par leurs armes; après leur conversion au christianisme ils adoptèrent une autre manière de prêter le serment, mais le but resta le même. Lorsque le demandeur n'avait pas fourni la preuve complète de son allégation, le juge fixait un jour pour l'épreuve du serment. Au jour dit, le défendeur se rendait à l'é-

(1) Tacit. *De morib. Germ.*, c. 10.

(2) Formulæ rituales, Canciani, tom. I.

(3) Decret. Grat., pars II, Caus. 2, Quest. 4, c. 20.

(4) Concile de Latran, en 1215, c. 18.

(5) On trouve les ordalies mentionnées dans une foule de documents du XIIe siècle. Le combat resta en vigueur jusqu'au XVIe siècle.

(6) Decret. Grat., pars II, Caus. 2, Quest. 4, c. 12, 18. — Caus. 15, Quest. 5, c. 1, 2.

glise qu'on lui avait désignée, et là il jurait, sur les reliques des saints, qu'il était innocent du fait dont on l'accusait. C'est ainsi du moins que nos formules décrivent la cérémonie du serment (1).

Le défendeur ne se présentait pas seul en justice, et lorsqu'il prêtait le serment purgatoire, il était entouré d'un certain nombre de parents ou d'amis qui venaient jurer avec lui. Le nombre de ces cojurateurs était plus ou moins élevé, suivant la gravité des faits incriminés. Les formules angevines mentionnent tantôt douze et tantôt trois cojurateurs (2). Cet usage avait sa source dans la constitution même de la famille germanique. Sur les rives du Rhin, la plus étroite solidarité unissait entre eux tous les membres de la *fara* ou du clan qui avaient une origine commune ou qui s'étaient attachés au chef de leur tribu par les liens du vasselage. Chacun était tenu d'embrasser les alliances et les haines de son parent ou de son chef, de combattre à ses côtés, de l'assister en justice et de venger sa mort (3). Celui qui voulait s'affranchir de ces obligations devait se rendre au mall et déclarer, en présence du *thung,* qu'il renonçait au serment et à la vengeance ; il rompait sur sa tête quatre bâtons d'aune et les jetait à terre. Il perdait alors tout droit à la protection et à l'hérédité de

(1) Juratus dixit : Per hunc loco sancto et divina omnia sanctorum patrocinia qui hic requiescunt... (f. 49).

(2) Form. 10, 28, 49.

(3) Non casus, nec fortuita conglobatio turmam aut cuneum facit, sed familiæ et propinquitates (Tac. *De morib. Germ.*, c. 7).

Suscipere tam inimicitias seu patris seu propinqui, quam amicitias necesse est (Id , c. 21).

ses proches, avec lesquels il avait refusé de faire cause commune (1).

Ces antiques usages restèrent en vigueur après l'établissement des Germains dans la Gaule; ils furent même adoptés par les anciens habitants du pays, ainsi que le prouvent tous les documents de l'époque mérovingienne. Le serment purgatoire devait même être très fréquemment employé en Anjou au VIIe siècle, car nos formules le mentionnent à chaque instant. Elles l'emploient tant en matière criminelle qu'en matière civile; qu'il s'agisse soit d'un meurtre (2) ou d'un vol (3), soit d'une question d'ingénuité (4), de propriété (5) ou de vente d'esclave (6), les parties sont appelées à prêter le serment.

On retrouve enfin, dans le formulaire que nous étudions, des traces nombreuses du droit de vengeance, qui faisait pour ainsi dire tout le fond des coutumes barbares. Il a existé chez tous les peuples primitifs; on le trouve en vigueur chez les Orientaux et chez les Américains, chez les Romains au temps de la loi des Douze-Tables, et chez les peuples du Nord (7). Dans les forêts de la Germanie, ainsi que nous l'a-

(1) Lex sal., t. 63. *De eo qui se de parentilla tollere vult.*—La même solidarité existait, au rapport de Jules César, dans la famille celtique. Les parents accompagnaient leur parent à la guerre et en justice.

(2) Form. 49.

(3) Form. 11, 38.

(4) Form. 10.

(5) Form. 52.

(6) Form. 17.

(7) Exod. cap. 21, v. 13.—Deuteron., cap. 19, v. 12.—Numer., cap. 25. — Robertson, *Hist. of America*. Book., IV. — Lex Duod. Tab. VIII.

vons déjà dit, tout parent était tenu de punir le meurtrier de son parent, et la loi même sanctionnait le droit de vengeance. Le vainqueur enfonçait un pieu dans la tête de l'ennemi qu'il avait tué, et plaçait devant sa porte ce sanglant trophée. La loi salique punissait d'une amende quiconque osait l'enlever sans la permission du maître (1).

Cependant le meurtrier pouvait racheter sa vie en payant aux parents de sa victime une composition fixée par la loi, et qu'on appelait *wergheld*. Dans l'origine, elle consistait en bétail et en troupeaux (2). La répression des crimes était alors abandonnée à la vengeance de la partie outragée; il dépendait d'elle de l'exercer dans toute sa rigueur ou d'accepter la composition offerte par le coupable. Quand la partie consentait à recevoir le wergheld, elle perdait le droit de se venger, et la convention qui intervenait alors entre elle et son ennemi l'obligeait à ne plus poursuivre celui-ci. La famille tout entière partageait le prix fourni; elle participait aux avantages comme aux charges de la vengeance (3).

Les formules angevines témoignent de cet état de choses. L'une d'elles nous montre une famille qui consent à faire la paix avec le ravisseur d'une femme qu'elle comptait au nombre de ses membres (4). Une

(1) Lex sal., t. 68, c. 3. Texte de Lindenbrog.

(2) Luitur enim etiam homicidium certo armentorum ac pecorum numero (Tac., *De mor. Germ.*, c. 21).

(3) ... Recipit que satisfactionem universa domus (id).

(4) Ut ipsa ad pacem cumcordia volumtate ad ipsa femena facere deberunt... (f. 26).

autre formule est un modèle de quittance par laquelle le père d'une fille enlevée reconnaît que le ravisseur lui a payé intégralement le prix de la composition fixée par la loi. Il s'engage, pour lui et pour ses héritiers, à ne pas inquiéter désormais le coupable. Les quittances de cette espèce portaient le nom de *securitas* (1). On voit par une formule de Marculf que le clergé, pour maintenir la paix et pour arrêter les dangereux effets des vengeances de famille, s'interposait entre les combattants, et que sa médiation préparait souvent ces traités de paix (2).

Sous Charlemagne, le droit de vengeance privée reçut une atteinte profonde; la faculté de refuser la composition fut enlevée à l'offensé, qui dut accepter, sous peine d'exil, le prix fixé par la loi (3). Ce fut le premier moyen employé par le pouvoir civil pour réprimer la barbarie des mœurs germaniques.

Il n'y avait point alors de magistrats chargés d'accuser, au nom de la société, les auteurs des crimes. Dans l'antiquité romaine, tout citoyen pouvait poursuivre un coupable devant le Préteur (4). Chez les Germains, c'était à la famille de la victime qu'il appartenait d'accuser devant le *graff* celui dont elle voulait tirer vengeance. Les formules angevines nous en

(1) Incipit securetas de rapto. Constat me accipi de illo integro composcione... (f. 43).

(2) Marc., lib. II, f. 18.

(3) Cap. de 779, c. 22. — Voir aussi un capitulaire de Louis-le-Pieux, de l'an 816 ou 819.

(4) On appelait *publica judicia* les poursuites criminelles que les citoyens pouvaient intenter contre les accusés (Inst., l. IV, t. 18, § 1).

fournissent plusieurs exemples. Ici c'est un plaignant qui poursuit en son nom personnel un homme qu'il accuse de vol (1); ailleurs ce sont les fils d'un défunt qui viennent demander justice contre une femme soupçonnée de l'avoir fait périr par maléfice (2); plus loin, ce sont les membres d'une famille qui se présentent devant le comte et accusent un homme du meurtre de leur père (3).

Nos formules, en un mot, considèrent toujours la poursuite des crimes comme un droit privé; elles nous montrent qu'à l'époque mérovingienne, la répression était laissée aux mains de la famille outragée, qui pouvait à son gré punir le coupable ou lui pardonner. La vengeance privée tenait alors lieu de code pénal; le rôle du pouvoir était encore presque nul; celui de la famille, au contraire, et même celui de l'individu, étaient immenses dans cette société à peine organisée. L'influence de ces mœurs et de ces coutumes, toutes germaniques, se montre donc d'une manière évidente dans les formules relatives à la procédure et au droit de vengeance, tandis que les autres ont conservé de nombreuses traces de la législation romaine.

(1) Form. 11, 15, 38.

(2) Form. 12.

(3) Eveniens illi et germanos suos illi Andecavis civetate ante vero inluster illo comite, vel reliquis racimburdis qui cum eo aderunt. . interpellabat alico homine, nomen illo, dicebat quasi ante oss aunis parentis quorum illo quomodo inter fecissit (f. 49).

Il ne nous reste plus qu'à résumer ce que le document publié par Mabillon nous a appris sur l'état politique et social de l'Anjou à l'époque mérovingienne. Nous avons vu que la cité d'Angers avait conservé, sous la domination des rois barbares, son ancienne organisation municipale, telle que l'avaient établie les lois impériales; que cette ville avait, dès lors, ses usages locaux; que le clergé exerçait une haute influence dans l'administration de la curie; que le droit romain était encore en pleine vigueur au VIIe siècle dans notre province; mais aussi que les mœurs et les coutumes germaniques avaient, sur bien des points, altéré la tradition romaine et introduit plusieurs institutions inconnues aux anciens maîtres du monde; qu'en un mot, si le droit écrit a fait le fond de la plus ancienne coutume d'Anjou, la législation barbare a exercé aussi sa part d'influence sur la rédaction des formules angevines.

L'étude des Formulaires et des Cartulaires composés à la même époque dans différents lieux, produit du reste des résultats analogues pour les autres provinces de la Gaule. Dans les contrées du Nord, l'influence germanique domine, il est vrai, tandis que la tradition romaine reste prépondérante dans celles du Midi; mais partout on trouve en vigueur la loi des conquérants avec celle des indigènes; partout on voit des comtes francs siéger au malberg, entourés de rachimbourgs barbares, tandis que l'évêque ou le *defensor* préside encore la curie gallo-romaine; partout on admire la puissante et bienfaisante influence du clergé catholique, qui seul servait de lien à cette société livrée à l'anarchie; partout enfin on reconnaît le contraste des mœurs, des institutions et du langage de la race romaine et de la race tudesque ; tout démontre qu'elles restèrent longtemps distinctes, mais que cependant elles tendirent dès l'origine à se confondre sur le sol où la conquête les avait jetées.

G. D'ESPINAY,

Dr en droit, substitut à Saumur.

www.ingramcontent.com/pod-product-compliance
Ingram Content Group UK Ltd.
Pitfield, Milton Keynes, MK11 3LW, UK
UKHW021629260726
13994UKWH00003B/1135